저널리스트가 쓴

유라시아
고고기행
考　古　紀　行

황규호 글

주류성

저널리스트가 쓴 유라시아 고고기행

지은이 황규호

펴낸이 최병식

펴낸날 2015년 7월 1일(제판)

펴낸곳 주류성출판사

서울특별시 서초구 강남대로 435 (서초동 1305-5)

TEL | 02-3481-1024(대표전화) • FAX | 02-3482-0656

www.juluesung.co.kr | juluesung@daum.net

값 15,000원

잘못된 책은 교환해 드립니다.

ISBN 978-89-6246-224-1 03900

이 책은 관훈클럽신영연구기금의 도움을 받아 저술 출판되었습니다.

저널리스트가 쓴

유라시아 고고기행

考 古 紀 行

황규호 글

주류성

서문

인생 말년에 부린 노욕

1

신문사에 재직하는 동안, 말년을 거의 문화부에서 보냈다. 근속기간 30여 년을 통틀어 20여 년을 문화부에서 문화재와 학술을 담당했던 1980년대는 암담한 시대였다. 언론이 자유롭지 못했기 때문에 정치와 사회는 물론 경제분야도 늘 예각銳角이 되었다. 그러나 문화재분야는 예각을 얼마만큼 비켜나간 둔각鈍角이었다고나 할까. 어떻든 서슬이 퍼랬던 위정자 집단의 눈초리를 피하는 적절한 소재가 문화재 기사였는지도 모른다.

이 같은 시국 탓에 언론사 간의 문화재 기사의 경쟁이 치열했고, 서로 '물 먹기'가 다반사였다. 그래도 더러는 특종을 차지하는 짜릿한 감회도 맛보았다. 이 같은 수련修鍊 덕분에 한국언론 사상 처음으로 한·중 수교 이전인 1990년 중국 동북지방의 발해渤海유적을 발굴하는 행운을 잡기도 했다. 그리고 문화재 취재 경험을 바탕으로 신문에 연재한 《한국인 얼굴》 가운데 몇 꼭지의 기사가 1997학년도 초등학교 5학년 2학기 국어 교과서에 실렸다. "우리는 어떤 얼굴을 한 민족인가"를 질문에 해답을 던진 장기 시리즈가 《한국인 얼굴》이었다.

지난 1998년 신문사를 퇴직한 이후에도 재직시절의 취재원取材源이었던 학계와의 인연이 계속되었다. 이 같은 인연으로 프랑스 파리 고인류연구소에서 열린 '한·불구석기 워크숍'에 초청되었다. 이 밖에도 파키스탄 정부 초청으로 서남아시아의 인류문명과 불교미술 발상지를 돌아보았고, 시베리아 고고민족학연구소가 주최한 '시베리아 100년의 파노라마' 국제학술회의에도 초청을 받았다. 이는 신문사 재직시절, 문화재 취재에 매달렸던 하찮은 경력이 뒷받침되었기 때문일 것이다.

신문사를 떠난 다음 자연인으로 돌아왔지만, 신문기자 시절의 근성根性은 버리지 못했다. 그래서 외국을 여행하면서, 마주친 새로운 견문見聞을 기록한 노트와 사진재료가 제법 쌓였다. 이제 인생의 늘그막을 맞았지만, 쟁여둔 기록물이 아깝다는 생각이 들었다. 그래서 노욕老慾인 줄 알며서도 책을 하나 쓰겠다는 만용蠻勇을 부려보았다.

2

이번에 내놓는『저널리스트가 쓴 유러시아 고고기행』은 해외 학술회의에 참가하는 동안 개최국 주변을 답사한 견문을 바탕으로 집필되었다. 한·불 구석기 워크숍을 비롯 파키스탄 정부 초청에 따른 현지답사와 시베리아 100년의 파노라마 학술회의 등이 그 계기였다. 이 책의 끄트머리에는『내셔널지오그래픽』한국어판에 장기 연재한 국내유적에서 한국의 선사문화를 들추었다.

오늘날 여러 나라의 문화유적은 보존과 개발이라는 상반된 두 가지

현안을 놓고 갈등을 빚기는 마찬가지였다. 그러나 이를 슬기롭게 극복한 프랑스에서는 자국의 문화유적을 국민교육의 현장으로 활용하는 지혜가 부러웠다. 이른바 대승불교大乘佛敎 산실이었던 파키스탄 간다라에서는 불교미술이 머나먼 길을 돌아 동아시아 끝자락 한반도로 전파되었으니, 불가에서 말하는 인연의 고리가 끈끈하다는 사실을 새삼 실감할 수 있었다.

3

 책을 마무리하면서, 새삼 실감한 사실은 내 자신의 솜씨가 둔재鈍才였다는 것이다. 일껏 찍은 사진 가운데 핀이 나간 것이 수십 컷을 헤아릴 정도였으니, 그 솜씨에 카메라를 둘러메었다는 꼬락서니가 가소로웠다. 파키스탄 답사 중에 찍은 중요한 사진은 동행했던 가회박물관 윤열수 관장으로부터 신세를 졌다. 감사할 뿐이다.

 그리고 유난히도 겨울비가 많이 내렸던 프랑스에서 잡은 사진은 더욱 말이 아니었다. 비내리는 숲속의 풍광이 그랬으니, 동굴 안의 피사체被寫體는 그야말로 목불인견目不忍見이었다. 그래서 뉴욕에서 커뮤니케이션 디자인을 전공한 아들 황기훈의 그림을 빌려 괜신히 윤곽을 살려냈다.

4

 앞서 출판한 졸저拙著 『한국인 얼굴 이야기』 (주류성 출판사) 서문에

다 외손자 김대현이가 경주 남산 선방사곡禪房寺谷의 아기부처를 닮았다는 이야기를 쓴 적이 있다. 그 녀석이 이제는 제법 자라서 올해 대학생이 되었다. 그러나 외할아버지가 책에 저를 끌어들였다는 사실을 여태 모르는 모양이다.

　책보다는 게임을 위한 전자기기를 수불석권手不釋卷한 세대였으니, 당연한 귀결인 지도 모른다. 그래서 한 권의 책을 새로 내어 꼭 읽어보기를 권고한다. 손자야! 제발 책을 좀 읽거라. 이 말은 외손자 김대경과 백현석에게도 들려주고 싶다. 올해 어린이 집에 들어간 손녀 황보리와 엊그제 초파일에 고고지성呱呱之聲을 울린 손자 황률 남매도 책을 읽는 청소년으로 무럭무럭 자라기를 바란다.

5

　책을 낼 때마다 발행인으로 선뜻 나선 주류성 출판사 최병식 대표님은 늘 도움을 주신 은인이다. 지난해에는 서울 강남문화원장으로 당선되어 이 서문을 빌려 축하의 인사를 드린다. 한국의 중진 문화인으로 거듭 나시기를 비는 마음 간절하다. 책이 나오기까지 열성으로 매달린 출판사 직원들 모두에게도 감사한 마음을 전한다.

2014년 봄날
파주 운정에서　황규호

차례

지중해의 미항(美港)니스의 한겨울 아침은
무척이나 더디게 밝았다.
얼마를 잠자리에서 머뭇거리다 굳게
고리를 지른 나무 덧문을 열었다.

1

구석기 고고학의
메카 프랑스

••1
니스에서 맞은 지중해 아침

코르시카 행 유람선 불빛이

지중해의 미항美港 니스의 한겨울 아침은 무척이나 더디게 밝았다. 얼마를 잠자리에서 머뭇거리다 굳게 고리를 지른 나무 덧문을 열었다. 그런데 바깥은 아직도 어두웠다. 멀리 보이는 방파제 안에 가두어 둔 유람선 불빛만이 잔잔한 파도에 일렁인다. 코르시카로 떠날 그 카페리 유람선도 아침을 기다리고 있었다.

우리가 머문 호텔은 해안 언덕배기였다. 해가 떴을 때, 그제야 니스

지중해를 더디게 떠오른 아침 해가 반대쪽 니스 만(灣)을 먼저 비추었다. 간밤을 유숙한 호텔 언저리는 아직 그늘이 졌지만, 창밖 멀리 니스 항 방파제 안에 정박한 코르시카 행 카페리가 선명하게 다가왔다.

항이 한눈에 들어왔다. 종려와 야자나무 같은 아열대성 나무들이 푸른 빛을 잃지 않은 해안 풍광에서 지중해임을 실감했다. 간밤에 늦게 공항에 내려 활처럼 휜 해안도로를 따라 호텔로 와서 이내 잠자리에 들었던 터라, 사실은 방향감각을 잃어버린 채 니스의 첫 밤을 보냈던 것이다. 푸른 바다와 백색의 벽, 창문마다 달라붙은 나무 덧문, 붉은색 기와지붕들이 가히 이국적이다. 지중해 연안을 흔히 숨이 막힐 정도라는 말로 풍광을 극찬하는 이들도 있다. 그것은 맑고도 푸른 바다와 따듯한 해양성 기후 등을 두고 하는 말일 것이다.

니스에서 이탈리아 국경 가까이의 망뚱으로 가는 바위벼랑길 제7번 국도에서 내려다본 지중해 연안에는 아열대 식물이 비경을 이루었다. 그러나 올리브나무가 띄엄띄엄 자라는 반대쪽 회백색 벼랑과는 대조적이었다.

니스에서 이탈리아 국경 가까이 있는 망뚱으로 가는 바위벼랑길 제7번 국도에서 내려다본 지중해 연안은 실로 비경이었다. 회백색 벼랑의 코르니슈를 달리면, 뉴욕 센트럴 파크보다 작다는 모나코 공국公國이 푸른색 바다와 함께 먼발치로 조망되었다. 그레이스 케리와 카지노가 얼핏 연상되는 모나코를 비켜 천야만야한 벼랑길 해안도로를 한참이나 달려 망뚱에 이르렀다. 여기서 이탈리아까지는 5㎞가 남짓한 거리라고 한다.

코르니슈를 달려 망뚱으로

국경을 지척에 둔 망뚱까지 달린 이유는 따로 있다. 아열대 낙원 같은 코트다쥐르의 부유층 저택과 아름다운 정원들을 보기 위한 것은 결코 아니었다. 한국학술진흥재단이 연구 프로젝트(KRF-2002-072-AM1013)의 하나로 마련한 '한국-프랑스 구석기 워크숍'을 위해 프랑스를 찾은 것이다. 워크숍과 더불어 프랑스 구석기시대 유적을 답사하는 여행계획에 따라 르 발로네 Le Vallone 동굴 유적을 돌아볼 요량으로 서둘러 망똥을 들렸다. 발로네 동굴은 유럽에서 가장 오래되었을 가능성을 안은 구석기시대 유적이다.

르 발로네 유적으로 가는 언덕길은 가팔랐다. 그런데 쇠사다리를 한 번 꺾어지게 놓아 경사를 주렸기 때문에 언덕을 내려가는 데 그리 불편하지 않았다. 지난해 12월 초순 충북 단양 구낭굴 구석기 유적을 찾았을 때 고생 꽤나 했던 일이 문득 떠올랐다. 길을 찾기가 어려울 만큼 잡초가 길길이 우거졌고, 유적이 자리한 비탈을 기어서 올라가느라 혼줄이 났던 씁쓸한 기억이 되살아났다. 발로네 동굴에 이르러서는 유적 앞에 다시 또 놀랐다.

왜냐하면, 동굴 입구에 세운 반듯한 시멘트 기둥에다 철문을 여법하게 달았기 때문이다. 철문을 비스듬하게 기대놓은 구낭굴과는 너무도 대조적이었다. 문화유적에 대한 인식의 격차를 뼈저리게 느껴야 했다.

표준 유적의 산실 프랑스

프랑스의 구석기 연구역사는 매우 길다. 한 유적에서 2,000점 이상의 주먹도끼가 나온 아베빌 Abbaville 유적의 하나인 프랑스 생 따셀 St.Achoul 에서 그 역사를 읽을 수 있다. 아슐리안 Achoulean 이라는 이름이 생 따셀 유적에서 유래 되었거니와, 세계 여러 군데서 나오는 전기 구석기시대의 주먹도끼 모두를 이 유적을 표준으로 삼아 분류한 것이다.

그리고 전기 구석기시대의 한 시기인 셸리안Chellean 또한 프랑스 셸 유적에서 따온 이름이다. 무스테리안mousteran이나 오르그네시안Aurignasian 도 프랑스 구석기 유적을 표준으로 삼았다. 프랑스를 구석기 연구의 메카라 하는 까닭도 여기 있다.

우리 일행이 발로네 동굴에 도착하기에 앞서 유적 담당자인 삐에르 연구원이 먼저 기다리고 있었다. 그는 우리가 오전에 들렀던 니스의 라자레구석기연구소 소속 연구원이기도 했다. 그는 동굴을 안내하기 위해 손전등까지 준비한 채 일행을 맞았다. 파스칼이라는 사람이 1958년에 발견한 유적인데, 본격적인 발굴조사는 1962년부터 이루어졌다고 한다. 유적을 발굴한 장본인은 이번 한·불 구석기 워크숍을 주선한 파리 고인류연구소 소장 앙리 드 룸리 교수다. 160만 년 전 유적으로 추정되는 동굴에서는 동물뼈와 간단한 돌연모가 출토되었다는 것이다.

홍적세 초기 해수면이 높았던 시기에 쌓인 퇴적물이 그대로 남아 있던 유적이다. 그래서 지금보다도 해수면이 100m에서 200m 정도가 더 높았던 흔적이 퇴적층에서 발견되었다. 몸돌에서 떼어낸 격지와 자갈돌을 간단하게 손질한 돌연모들은 모두 추웠던 빙하기 지층에서 나왔다. 그러니까 추위로 바닷물이 얼어붙어 해수면이 낮았던 시기의 퇴적층에서 돌연모들이 출토되었다는 이야기다. 따라서 동굴 바닥 맨 아래층은 해수면이 높아지기 이전 추운 시기의 층위가 분명하기 때문에 발로네 동굴을 유럽에서 가장 오래된 유적으로 보았던 것이다.

그런데 한때는 반론도 만만치 않았던 모양이다. 그 까닭은 돌연모가 퇴적물 시기보다 내려올 수도 있다는 점 때문이었다고 한다. 또 해변의 자갈돌은 늦은 시기에도 흔히 돌연모의 돌감으로 사용되었다는 것도 유적의 시기를 너무 일찍 잡았다는 이유가 되었다. 그러나 최근 들어서는 발로네 동굴이 구석기시대 이른 시기의 유적이라는 쪽으로 기운다는 것이다. 비슷한 시기의 구소련지역 구르지아 유적 등에서 사람뼈가 출토되었다는 사실을 들어 발로네 동굴을 구석기인들이 살면서 160만 년 전쯤에 남긴 유적으로 보는 긍정적 평가를 내린 것으로 알려졌다.

조상벌 동물의 집 발로네

발로네 동굴은 한 사람씩 들어가야 할 만큼 들머리가 좁았다. 동굴 안에서는 원숭이와 표범류에 이어 하마의 뼈화석이 발굴되었다. 그러나 이들 동물은 오늘날 같은 동물과는 좀 다른 조상벌의 고동물이었다는 것이다.

추웠던 때 살던 동굴곰은 물론 북극여우까지 추위를 피해 발로네 동굴에 와서 살았다는 것이 삐에르 엘리의 설명이었다. 과연 고동물학자 답다는 생각이 들었다. 그는 고동물학에

지중해가 조망되는 코르나슈 도로를 따라 도착한 이탈리아 국경의 구석기유적 르 발로네 동굴. 이 동굴에서는 오늘날을 사는 동물의 조상벌이 되는 고동물이 살았다고 한다.

서도 시기가 멀리 올라가는 원시 동물 연구로 박사학위를 받은 학자라고 했다.

인류가 처음 유럽에 들어온 시기를 대개 홍적세 초기로 보고 있다. 고인류가 불을 다룰 줄 알게 되자, 차츰 북쪽으로 올라왔다는 이야기다. 그 시기는 불을 사용한 흔적이 확인되는 150만 년 전후로 잡는다. 발로네 동굴에 살았던 사람들 또한 불을 사용하는 방법을 터득했을 것이다. 그들이 살았던 시기는 빙하로 바닷물이 줄어 해변을 덮고 있던 자갈돌이 그대로 드러났던 추운 시기로 짐작할 수 있다.

그래서 발로네 동굴에서 나온 돌연모들은 그 무렵 바닷가에서 주어온 자갈돌을 돌감으로 써서 돌연모를 만들었을지도 모른다. 이들 돌연모는 모두 아프리카 올도완 같은 예스러운 특징이 보이는 것이라고 한다. 그러나 몸돌에서 떼어낸 격지와 그때에 남은 동그스름한 몸돌을 가리키는 올도완 문화전통이 유럽에 그대로 전수된 것은 아니다. 유럽에 처음 들어온 인류가 쉽게 구할 수 있는 돌감에 자신들 나름의 기술을 적용한 석기가 발로네 동굴 등에 나오는 돌연모로 풀이하고 있다.

그러면 고인류가 어떤 통로를 거쳐 유럽으로 흘러들어왔을까. 터키로부터 발칸반도를 거쳐 유입되었다는 학설이 나와 있다. 그러나 해수면이 아주 낮았던 시기에는 두 군데의 다른 통로를 거쳤을 것으로 추정한다. 튀니지에서 시칠로 건너온 것이 그 하나이고, 또 지브롤터 해협을 건넜을 가능성도 엿보인다는 것이다. 그래서 스페인 그라나다 이웃의 오르세Orce 유적을 유럽에서 가장 오래된 고인류의 보금자리로 보는 이들도 있다. 1982년에 발견한 오르세 유적에서는 초기 홍적세 때 것으로 보이는 고인류의 머리뼈가 발굴되었다.

고고학은 유적과 유물을 빌려 인류의 발자취를 탐구하는 학문이지만, 전공자가 아닌 사람들은 늘 의문에 부딪히기 일쑤다. 남프랑스에 도착하고 나서 겨우 유적 하나를 보고, 인류를 이러쿵저러쿵할 처지는 아니다.

그러나 지금부터 어깨너머 공부를 더 할 참이다. 행여 음풍월을 하게 될지도 모른다는 생각이 들었다. 프랑스 구석기문화 여행은 지금부터 시작이다.

••2
아름다운 해안의 동굴 유적 라자레

코트다쥐르 절벽의 유적

지중해 연안의 남프랑스 땅 니스를 가리켜 흔히 서쪽으로 프로방스를 향해 열린 도시라고 말한다. 햇볕과 바다가 어울려 연출한 푸른색 해안 코트다쥐르가 동쪽으로부터 달려와 니스에서 끝나고 나면, 프로방스로 이어지는 고속도로를 탈 수 있다. 니스에는 박물관과 미술관이 일곱이나 되어 삶의 흔적 속에 예술이 함께 공존하는 황홀한 도시로 표현되기도 한다.

그 아름다운 이국 정취가 물씬한 코트다쥐르 해안은 대부분이 회백색 석회암 벼랑으로 이루어졌다. 벼랑 사이로 듬성듬성 자라는 올리브나무 따위의 관목들이 앙증스럽다. 해안이 신비롭기까지 한 것은 그런

낯선 풍광 때문이기도 할 것이다. 니스가 자랑하는 구석기시대 유적들은 대개 석회암 벼랑의 동굴에 자리했다. 그 하나가 프랑크 빌라트 거리 해안 벼랑의 라자레Lazaret 유적이다. 우리가 묵었던 마르벨라 호텔에서 언덕을 내려가면, 바로 유적에 닿을 만큼 가까웠다. 유적 바로 곁에는 시립 라자레구석기연구소가 자리했다. 그래서 발굴과 연구가 한 구역 안에서 진행되었다.

라자레구석기연구소 앞뜰에는 겨울이 무색할 정도로 갖가지 아열대식물이 무르렀다.

연구소 앞뜰에는 겨울이 무색할 정도로 갖가지 아열대 식물들이 푸르렀다. 간밤에 니스 공항에서 우리 일행을 마중했던 연구소장 마담 에샤쑤가 연구소 앞에서 기다려주었다. 그는 몽데고 바위그림 연구로 학위를 받은 청동기 고고학자였다. 충북대 중원문화연구소의 '한국–프랑스 구석기 워크숍'을 프랑스에서 열도록 주선한 파리 고인류연구소장 앙리 드 룸리 교수의 명저 '몽데고 바위그림 유적'이 얼핏 떠올랐다. 그러고 보면, 마담 에샤쑤는 룸리 교수의 제자가 분명했다.

니스의 라자레 동굴은 앙리 드 룸리가 발굴을 주도한 구석기시대 유적이다. 1950년부터 발굴이 시작되었지만, 1962년부터 룸리 교수가 책임을 지고 나서 본격적으로 이루어졌다고 한다. 라자레 동굴을 처음 발견한 것은 1826년의 일이니까, 유적이 세상에 알려진 지는 어언 두 세기를 헤아린다. 프랑스 구석기 고고학의 전통이 보이는 유서 깊은 유적이었다. 앞뜰의 아열대식물 숲 사이로 니스만뿔이 한눈에 내려다보이는 유적은 그야말로 명당이다. 그만하면, 구석기시대 인류들이 터를 잡은 안목도 대단했다는 생각이 들었다.

코가 유난히 높은 연구원

마담 에샤쑤는 미리 약속한 회의 때문에 곧 자리를 떠났다. 대신 돌연모로 박사학위를 받았다는 연구원 엠마뉘엘 데끌로가 안내를 맡았다. 유럽의 서구인치고도 코가 유난히 높은 엠마뉘엘 데끌로를 따라 동굴로 들어갔다. 바깥에서 보기보다는 동굴 공간이 꽤나 넓었고, 천정도 높았다.

니스의 프랑크 빌라트에 자리한 해안 벼랑 유적인 구석기시대 동굴 라자레. 이 유적에서는 어린이 뼈와 젖니를 비롯 어른 송곳니 등이 출토되었다.

길이 40m, 너비 15m, 높이 7m에 이르는 꽤나 큰 동굴이었다. 동굴을 가로 질러 놓은 임시통로 나무다리 밑에서는 발굴이 계속되고 있었다. 한 해에 고작 2.5cm 정도만을 발굴하고, 더는 건드리지 않는다고 했다. 자그마치 40여 년이나 계속된 발굴작업이 언제 끝날지는 아직 모른다는 것이다. 시간에 쫓긴 나머지 단숨에 발굴을 마무리하는 우리 현실과는 너무 동떨어진 느낌이 든 것은 나뿐이 아니었을지도 모른다.

라자레 동굴에서는 어린이 옆머리뼈와 젖니, 어른 송곳니 등이 출토되었다. 인골이 나온 지점은 현재 바닥이 완전히 드러난 당시 구석기인들의 생활면이었다고 한다. 그리고 사슴과 산양, 말과 코끼리, 코뿔소 따위의 짐승뼈들도 나왔다.

약 30만~20만 년 전의 전기구석기시대 유적인데, 동물뼈로 미루어 그리 춥지 않았던 시기에 사람들이 들어와 라자레 동굴에 보금자리를 틀었던 모양이다. 돌연모는 주로 자갈돌을 써서 만들었다. 라자레 동굴에서 나온 자갈돌 주먹도끼를 포함한 아슐리안 돌연모들은 중요한 유물로 꼽히고 있다.

한남대 한창균 교수(고고학)의 박사논문 '프랑스 니스시 라자레 동굴유적에서 출토한 아슐리안 후기석기연구'도 바로 라자레 자갈돌연모를 대상으로 한 것이다. 라자레 동굴 발굴책임자로 일했던 그는 지금까지도 현지 후배들로부터 열성적 연구자로 회자되고 있다.

온순한 동물 사슴을 많이 잡다

라자레 유적에서 일하는 파트리샤 발런시는 고동물古動物을 전공한 여성연구원이다. 그는 충북대 중원문화연구소 조태섭 박사(고동물학)와

오래 이야기를 나누었다. 두 고동물
학자의 이야기는 대강 이런 것이었
다. 유적에서 나오는 동물뼈 가운데
가장 큰 비중을 차지하는 짐승은 사
슴인데, 뼈가 거의 깨진 채로 발굴된
다는 것이다. 그 이유는 당시 동굴에
살던 사람들이 뼛속에 든 골수를 빼
먹기 위해 뼈를 일부러 깨뜨렸기 때
문이라는 해석이다. 그리고 사슴이
많이 잡힌 것은 서식 숫자가 많았던
탓도 있지만, 사냥에 큰 위험이 뒤따
르지 않는 온순한 동물이 바로 사슴

라자레구석기연구소 파트리샤 발런시 연구원
이 출토 유물을 설명하고 있다. 하나라도 더
보여주기 위한 열정이 아름다워 보였다.

이었다는 점도 지적했다. 조태섭 박사가 발굴한 충북 단양 구낭굴 유
적에서도 그런 현상이 뚜렷이 나타나고 있다.

그녀는 일행을 연구실까지 안내했다. 한 가지라도 더 보여주기 위해
연구실 수장고를 뒤져 동굴에서 발굴한 여러 동물의 뼈화석을 꺼냈다.
그리고 열심히 설명하면서 이해를 구하는 모습은 아름답기까지 했다. 라
자레구석기연구소의 정규직은 돌연모 연구로 박사학위를 받은 엠마뉴
엘 데끌로와 고동물학을 전공한 파트리샤 발런시 등 모두 5명이라고
했다. 그 밖에 연구결과를 전산화하는 컴퓨터 요원 2명이 연구소 정규
직으로 일했다. 또 정규직 이외에 석·박사 과정의 연구원들이 니스대
학과 연계해서 현장에서 일한다는 것이다. 낮에는 연구원들 대부분이
발굴현장에 매달린다. 그리고 밤시간을 이용해서 틈틈이 연구에 몰두

한다는 연구원들의 일상은 놀라운 것이었다.

그때그때 발굴현장에서 나오는 자질구레한 일들은 임시 일용직들이 맡았다. 동굴 입구에 좌판을 벌이고 발굴 현장에서 나온 흙을 체로 거르고 유물로 보이는 부스러기 따위를 가려내는 일은 그들의 몫이었다. 니스시에서 임금을 지급하는 공공근로 형태의 일용직들이었는데, 20여 명이나 되었다. 모두가 부녀자들이기 때문에 대개 한나절만 일하는 파트타임제로 운영된다는 것이다. 공공근로자들을 고고학 발굴현장에서 근무하도록 배려한 프랑스 행정당국의 사고 역시 선진적인지도 모른다. 문화대국으로 가기 위한 행정운용의 묘妙를 발굴현장에서도 발견할 수 있었던 것이다.

새떼처럼 재잘대는 어린이 견학단

라자레 유적을 견학한 초등학교 어린이들이 유물을 찾는 게임을 하고 있다. 문화적 자긍심을 심어주기 위한 교육 현장이 부러웠다.

유적 들머리 동굴 입구에는 초등학생 한 떼가 몰려와 참새들처럼 재잘거렸다. 유적을 견학하러 온 어린이들인 모양이다. 노천 테이블에 깔아놓은 카드를 가지고 유물 찾기 게임을 하는 어린이들 표정이 마냥 즐겁다. 어린이들은 게임이 끝나자 인솔교사와 유적발굴요원을 따라 동굴로 몰려갔다. 어릴 때부터 문화유적에 대한 깊은 인식을 심어주고, 고고학 발굴 현장에서

문화적 자긍심을 불러일으켜 주자는 취지의 견학이 아닌가 싶다. 우리 같으면 겨울방학 한가운데에 접어든 시기인 데, 단체견학이라니…. 그런 의문은 금세 풀렸다. 프랑스의 새 학년은 9월에 시작되어 이미 추수감사절과 크리스마스 휴가를 놓았기 때문에 긴 겨울방학이 따로 없다는 것이다. 그러나 조금 뒤 2월에는 스키 방학을 다시 즐길 수 있다고 했다.

니스의 첫 점심 라잔느

그럭저럭 시간은 벌써 점심때가 되었다. 해안도로를 따라 10여 분을 실히 걸어 구시가지로 나왔다. 우리 일행에게 유적을 소개했던 엠마뉴엘 데끌로와 파트리샤 발런시도 동행했다. 호텔에서 아침을 대강 때운 터라, 사실 시장기가 들었다. 프랑스의 첫 점심을 기대하면서, 식당을 찾았을 때 식당 안은 벌써 떠들썩했다. 음식을 전혀 알지 못했기 때문에 프랑스 사정에 정통한 조태섭 박사가 권하는 메뉴를 따를 수밖에 다른 도리가 없었다. 그래서 라잔느라는 음식을 시켰다. 다진 고기와 감자, 치즈가 켜켜로 든 음식이었는데, 그런대로 먹을 만했다. 음식이 나오기 전에 붉은색 포도주가 나왔다. 그런데 무척 달았다. 본래 단맛의 포도주는 음식 맛을 돋구는 것이라고 했다.

그렇게 마시기 시작한 포도주는 프랑스 여행 내내 식사 때마다 따라붙었다. 모두가 단맛의 포도주는 아니었고, 새콤한 맛의 포도주도 나왔다. 지역마다 다른 특색의 포도주가 생산된다는 것이다. 그래서 평생 마셔 보았던 포도주 양을 아주 훨씬 앞지르는 나름대로의 때아닌 포도주 계절을 겨울 프랑스에서 맞았던 것이다.

••3
불과 함께 진화한 호모 사피엔스

유적 보존의 교훈

인류역사에서 불은 성스러움의 중심이었다. '구약성서'의 신명기申命記를 보면, 불을 여호와 하느님으로 표현하고 있다. 모세 최후의 가르침과 율법을 설명한 신명기에는 "네 하느님 여호와는 소명의 불이시오"라고 적었다. 그렇듯 사람들이 일찍부터 영적인 존재로 여겼던 불은 공동체 의식을 부추긴 촉매제로도 작용하면서, 인류 진화에 큰 힘을 실어 주었다.

인류가 불을 자신들 곁으로 끌어들여 사용한 시기는 약 150만 년 전쯤이라고 한다. 진화론자들이 호모 에렉투스라는 딱지를 붙여놓은 고인류가 불을 맨 먼저 삶 속으로 끌어왔는데, 케냐 리프트 계곡의 체소완자 유적에는 불의 흔적을 얼마만큼 남겨놓았다. 불에 탄 흙과 더불어 화덕으로 보이는 돌무지가 체소완자 유적에서 발견되었다. 자기磁氣측정방법으로 계산한 화덕 온도는 400~600도 사이었다는 것이다. 중국 조은쿠티엔固口店에서도 같은 종인 호모 에렉

떼라 아마따 유적의 본래 자리에 세운 아파트에는 박물관이 들어섰다. 이 박물관에는 떼라 아마따의 지층과 유물을 경화 처리한 다음 모두 옮겨 전시하고 있다.

투스가 불을 사용한 흔적이 발견
되었지만, 유적의 연대가 50만 년
전쯤으로 내려온다.

그들 뒤를 이어 플라이스토세(홍
적세) 중기 말엽인 40만 년 전쯤부
터 등장한 인류가 호모 사피엔스
다. 신인류라는 뜻의 호모 사피엔
스들이 불을 사용한 흔적을 남긴

고색창연한 건물이 즐비한 남프랑스 니스의 구
시가지. 유럽에서 가장 오래된 불의 흔적이 나
온 떼라 아마따 유적은 이 지역으로부터 그리 머
지않은 북쪽 언덕에 있다.

유적이 남프랑스 니스에도 있다. 니스항구에서 가까운 까르노가街 언덕
길의 떼라 아마따 유적인데, 유럽에서 가장 오래된 불의 흔적이 발견되
었다. 숯과 함께 발견된 화덕자리는 땅을 우묵하게 파고 나서 돌을 쌓아
만들었다. 화덕자리가 완벽하게 남아 체소완자 유적보다는 떼라 아마따
를 세계에서 가장 오래된 확실한 불의 유적으로 보는 학자들도 있다. 떼
라 아마따는 38만 년 전인 전기구석기시대 유적으로 추정하고 있다.

불이 사람들을 한군데로 끌어모았다는 사실은 북프랑스의 베르버리
유적에서도 보인다. 떼라 아마따 유적보다는 훨씬 늦은 시기의 후기구
석기시대 유적이기는 하지만, 화덕자리만큼은 중요한 의미를 갖는다.
화덕자리 언저리에서 순록의 뼈가 대량으로 쏟아져 나와 사람들이 불
가에 둘러앉아 먹거리를 즐겼던 것으로 짐작할 수 있다. 그러니까 가
족과 이웃을 중심으로 한 공동체가 먹거리를 가지고 유대의 고리를 끈
끈하게 유지한 자리가 바로 화덕 언저리의 불가였다. 화로 불가에 모
여 오순도순 이야기를 나누는 노변담화爐邊談話 같은 정겨운 풍경은 구
석기시대부터 이미 연출되었는지도 모른다.

'사랑받았던 땅' 떼라 아마따

니스에서 만난 떼라 아마따의 본래 뜻은 '사랑받았던 땅'을 의미한다. 떼라 아마따 유적이 세상에 널리 알려지기까지는 '니스의 아침'을 말하는 지역신문 '니스 마땡'이 큰 역할을 했다. 신문제호 '니스의 아침'과 신문이 발행되는 지역 '사랑받았던 땅' 이름은 모두가 낭만적이다. 지중해 연안 미항美港과 잘 어울리는 격조 높은 이름들이었다. 어떻든 지역신문에서 유적을 기사로 다루었을 무렵, 떼라 아마따에서는 아파트 공사를 위한 터파기가 한창이었다고 한다. 유적이 노출되면서, 유적보존을 둘러싼 논란이 일었다. 아파트 공사를 맡은 사람은 공교롭게도 유적의 실체를 처음 보도한 '니스 마땡' 기자의 아들이었다는 것이다. 참으로 기묘한 인연이었다.

화가 앙리 게리에가 상상화로 그린 구석기시대의 니스 해안 풍경. 호모 사피엔스가 사는 떳집 아래까지 바닷물이 찰랑거리고, 멧돼지 한 마리가 끼어들었다.

그런 논란을 거친 뒤에 시중의 여론은 아파트 건설과 함께 유적을 보존하는 쪽으로 가닥을 잡았다. 그래서 1966년 우선 유적 발굴에 들어갔다. 앙리 드 룸리 교수 주도로 발굴한 유적에서는 퇴적층이 두꺼운 집자리가 발견되었다. 유럽에서 가장 오래된 화덕자리는 그 집자리 터에서 발굴한 것이다. 사냥꾼들이 계절에 따라 떠돌아다니면서 거처로 삼았던 오두막으로 추정하는 집자리였다. 그 집자리는 지금의 니스 해수면보다 25~26m가 더 높았던 혹스니안시기의 따뜻한 기후가 계속되었던 때의 퇴적물로 이루어졌다. 혹스니안시기는 따뜻한 기후 때문에 빙하가 녹아 해수면이 올라간 잉글랜드 동부 유적에서 따온 이름이다.

그러나 떼라 아마따에 사람들이 들어와 일단 자리를 차지했던 시기는 빙하기가 다시 찾아와 해수면이 낮아지기 시작한 추운 때였을 것으로 보고 있다. 앙리 게리에라는 화가는 호모 사피엔스가 떼라 아마따에서 살아가는 모습을 그림으로 그렸다. 이 그림에는 오두막을 지은 땅바닥 바로 아래까지 바닷물이 아직은 찰랑거린다. 오늘의 비외 니스 항구 서쪽으로 달라붙은 바위벼랑산도 거의 바닷물에 잠겨 등허리만이 겨우 보인다. 연기가 모락모락 피어오르는 오두막 띳집 바깥으로 호모 사피엔스가 보이지만, 그 주위로 사람을 아랑곳하지 않은 멧돼지 한 마리가 어슬렁거린다.

똥이 화석이 되다

혹스니안기에 퇴적이 이루어진 떼라 아마따 집자리 유적에서는 자갈돌연모들이 주로 출토되었다. 주먹도끼는 이웃 라자레 유적에 비해 적게 나온 대신 자갈돌 한쪽 면에 직접 떼기를 베풀어 날을 세운 찍개류가 많이 나왔다. 그 밖에 긁개와 홈날연모 따위의 돌연모들이 출토되었다.

떼라 아마따는 호모 사피엔스의 생활 모두를 가장 잘 보여주는 세계적인 유적이다. 11개의 문화층이 질서정연하게 차곡차곡 쌓였거니와, 각 문화층에서는 삶의 흔적이 엿보였다. 집자리에서는 집의 뼈대를 마련하기 위해 세웠던 기둥구멍까지 드러났다. 발굴 당시 나타난 유물의 분포양상으로 보아 도구를 만들던 작업장도 존재했을 것으로 추정한다. 또 몸치장을 하는 데 칠로 사용했을 법한 물감 덩어리가 나와 주목을 끌기도 했다.

떼라 아마따의 호모 사피엔스가 남긴 자갈돌찍개. 니스 해안에는 지금도 자갈돌이 곳곳에 널브러졌다.

그래서 떼라 아마따는 호모 사피엔스라는 신인류가 남긴 위대한 유적일 수도 있다. 불의 흔적 말고도 발자국 화석도 남겼다. 자신들이 삶을 꾸렸던 생활면에 찍힌 발자국은 지금 떼라 아마따 유적에 불멸의 문화유산으로 보존되고 있다. 우리나라 제주도 남제주 해안에서 최근 찾아냈다는 발자국 화석연대를 발표한 내용을 그대로를 받아들인다 해도 자그마치 35만 년이나 앞서는 화석이다. 탄자니아 레이톨리에서 발견한 380만 년 전의 곧선원인猿人 오스틀라로피테쿠스에 이은 두 번째로 오래된 발자국 화석이 떼라 아마따 유적에 보존되어 있는 것이다. 프랑스에는 떼라 아마따 이외에 쇼베 동굴과 페슈 메를르 동굴에도 발자국 화석이 남아 있다.

우리는 사람의 배설물의 하나인 똥을 점잖게 인분人糞이라고 표현한다. 그 인분이 화석이 되었다면, 누가 곧이 듣겠는가. 그런데 떼라 아마다 유적에서는 실제 똥화석이 나왔다. 사슴이나 곰 같은 짐승을 사냥하고 돌아온 호모 사피엔스 누군가가 시원하게 똥을 배설했을 것이다. 그것이 화석으로 변했다. 19세기 말『신성한 똥』이라는 책을 쓴 존 그레고리 버크가 유적 발굴 현장에서 똥화석을 보았더라면,

떼라 아마따 박물관 내부에다 호모 사피엔스의 집자리를 그대로 옮겨놓았다. 불을 피운 흔적이 고스란히 드러난 화덕과 더불어 유물이 그대로 노출되었다.

저술 내용이 달라졌을 지도 모른다. 그는 똥을 한껏 더 우러러보면서, 예찬의 말을 아끼지 않았을 것이다. 똥화석은 불가사의한 것임에는 틀림이 없다.

어떻든 떼라 아마따 유적은 보존되었다. 니스 시 당국에서 아파트가 완공되었을 때 1층을 모두 사들여 집자리를 몽땅 옮겨놓았다. 경화 처리한 집자리는 발굴 당시의 노출상태가 그대로 드러나 있다. 그리고 집자리 위에서도 내려다볼 수 있게 중간만을 비워두고, 1층 가장자리 벽쪽을 2층으로 꾸며 박물관을 만들었다. 그리고 아파트 뒤쪽 절개지 축대에다는 집자리 퇴적층을 남겨둔 채 철문을 달았다. 연구자들이 떼라 아마따의 지층을 볼 수 있게 배려한 것이다.

문화유적 보존의 귀감

현대사회에서 문화유적은 개발과 보존 사이에서 늘 갈등을 겪는다. 그런 갈등의 틈바구니에서 완벽하지는 못하지만, 유적을 지혜롭게 보존한 모범사례가 떼라 아마따다. 유적이 오간데 없이 쓸려나가는 우리네

떼라 아마따 유적에서 드러난 이 화덕자리는 인류
의 위대한 유산의 하나로 꼽히는 세계적 유적이다.

아파트 구내에 자리한 떼라 아마따 본래의 유적
층을 제자리에 두고, 철문이 달린 보호시설을 갖
추었다. 유적 보존의 교훈이 보이는 듯했다.

현실에서 보면, 부러운 일이 아닐 수 없다. 우리만이 아니라 세계가 문화유적이 보존문제를 놓고, 귀감으로 삼는 유적이 바로 떼라 아마따인 것이다.

니스 이웃에는 지금까지 이야기한 발로네와 라자레, 떼라 아마따 이외에 여러 선사 유적이 더 있다. 그로또 프린스(17만 년 전~4만 년 전), 캬로스 르 네프(10만 년 전~4만 년 전), 오브세르 바뜨아르(10만 년 전~4만 년 전), 그로뜨 드 까비옹 구석기유적이 그것이다. 모두가 니스에서 이탈리아 국경 가까이 망똥으로 이어지는 지역에 자리했다. 산이 바다까지 치달려 내려간 그 아름다운 코트다쥐르 해안을 일찍부터 인류를 끌어들인 선사문화의 보고인 것이다.

프로므나드 데 장글레의 밤

오늘날 세계적인 관광지로 널리 알려진 프로므나드 데 장글레를 찾

은 것은 늦은 저녁이었다. 니스 공
항에 내려 숙소로 가느라 지나온
거리였는 데, 유적답사 일정에 쫓
겨 늦은 밤시간에 짬을 내 들렀다.
옛 시가의 서쪽으로 해안선을 따
라 길게 뻗은 길 장글레에는 호화
로운 호텔과 명품을 파는 아케이
드가 휘황찬란했다. 얼핏 하와이

세계적 관광지로 유명한 니스 해안의 프로므나
드 데 장글레. 호화로운 호텔과 명품을 파는 아
케이드가 즐비한 이 구역 건너 해안에는 그 옛날
돌연모로 썼을 법한 자갈돌이 많다.

와이키키 해변이 연상되었다. 그러나 해안을 고운 모래가 아닌 자갈돌
로 뒤덮였다. 라자레나 떼라 아마따 유적에서 자갈돌연모가 많이 출토
되는 까닭을 바닷가를 찾고 나서야 겨우 터득하게 되었다.

프로므나드 데 장글레는 대서양 건너 영국인들이 을씨년스러운 섬나
라의 겨울을 피해 와서 살기 시작한 거리라고 한다. 겨울답지 않은 니
스의 마지막 겨울밤은 장글레 해변의 자갈돌을 밟는 것으로 마감했다.
니스도 그 밤이 마지막이었다.

••4
남프랑스 길섶에서 조우한 역사와 예술

피레네가 가까운 또따벨을 향해

니스 항이 보이는 호텔 언덕배기의 아침은 상쾌했다. 아직은 좀 차가

운 지중해 해풍이 그런대로 싫지 않았다. 해안 벼랑길에 자리한 호텔 마르벨라는 객실이라야 여남은이 될까, 규모가 아주 작았다. 그래서 식당도 덩달아 좁아 우리 일행이 앉으면 자리가 꽉 찼다. 바다가 보이는 창가에서 빵과 우유, 커피와 쥬스로 니스의 마지막 아침식사를 서둘러 때웠다. 남프랑스 해안을 따라 피레네 산맥에서 가까운 또따벨까지의 여정은 멀었기 때문에 길을 재촉하지 않을 수 없었다.

우리가 머리를 두고 가는 또따벨은 35만 년 전 고인류의 머리뼈가 나온 세계 구석기문화의 성지聖地 같은 지역이다. 그 또따벨 답사는 내게 행운이어서 사실 설레임이 앞섰다. 니스 시가를 벗어나면서 니스 공항에서 새 차로 렌트한 푸조 승합차가 속도를 올리기 시작했고, 계기판은 이내 시속 170㎞를 가리켰다. 앙주 만을 사이에 두고 니스와 마주한 해안도시 앙티브로 가는 표지판이 눈 깜작할 사이 시야에서 사라졌다. 앙티브를 못 들른 것이 못내 아쉽다. 그러나 갈 길이 먼데 어쩌랴….

피카소 활동무대 앙티브

앙티브의 그라말디 성城은 파브로 피카소와 인연이 깊은 명소라고 한다. 16세기의 성인 데, 제2차 세계대전이 끝나고 나서 앙티브 시당국이 피카소의 작업실로 내주었다는 것이다. 피카소는 성을 빌려준 보답으로 이 도시에 회화와 드로윙, 도자기 작품을 선사했다. 이 가운데는 '삶의 기쁨', '앙티브의 밤낚시', '앙티폴리스 스위트'가 끼어 있다. 그림 제목에 나오는 앙티폴리스는 그리스인들이 앙티브에 살았던 시절의 도시이름이라고 한다. 어떻든 그라말디 성은 스페인 화가 피카소를 기리기 위해 오늘날 피카소미술관으로 사용하고 있다. 남프랑스는 동쪽으로 그리스와 이탈리아, 서쪽으로 스페인을 향한 열린 땅이었기 때문에 지중해 연안 여러 나라 사람들의 왕래가 잦았던 모양이다.

피카소의 발자취는 앙티브에서 그리 멀지 않은 향수香水의 도시 그라스에도 남아있다. 그라스 남쪽의 이른바 피카소 지방이 거기다. 그는 앙티브와 칸에 이어 쥐앙 레 팽에서 많은 시간을 보냈고, 무쟁에서 숨을 거두었다. 무쟁 사진박물관에는 라르티크 같은 유명 사진작가들이 찍은 피카소의 사진들이 전시되었다고 한다. 특히 칸에서 깊숙이 들어간 발로리는 피카소 덕분에 유명해졌다. 왜냐하면, 피카소가 발로리에 도자기 작업장을 내는 바람에 도시가 도자기 중심지로 떠올랐기 때문이다. 자유와 평화를 위협하는 침략자를 규탄한 '게르니카'와 맥을 같이 하는 한국전쟁 소재의 1951년 작품 '한국에서의 학살Massacre in Korea' 도 남프랑스 어디에서 그렸을 것이다.

갓 출고된 새 차 푸조는 여전히 꽁지가 빠지게 딥다 달리고 있었다. 프로방스 지방 한가운데로 접어들었을 때, 푸조의 핸들을 잡은 충북대 조태섭 박사가 손가락으로 앞을 좀 내다보라는 시늉을 해왔다. 그 유명한 생트 빅투아르 산山 이라는 것이다. 우람한 바윗등으로 가득한 민둥산이 길이라도 막을 듯한 자세로 멀리서 버티고 있다. 그 옛날 남프랑스를 여행하는 나그네들에게 이정표가 되었던 생트 빅투아르는 흔히 후기 인상파 화가로 분류하는 폴 세잔(1839~1906)이 오랜 세월을 두고 풍경화의 소재로 삼았던 산이기도 하다.

세잔이 사랑한 빅투와르 산

지금 달려가는 A8번 고속도로 이웃인 엑상프로방스가 세잔의 고향

후기 인상파 화가인 세잔이 그린 '생트 빅투아르 산'. 세잔은 이 산을 사랑한 나머지 화실을 생트 빅투아르 산 이웃으로 옮겼다.

이다. 파리에 머물다가 엑상 프로방스로 돌아온 세잔은 색깔이 시시각각 변화하는 생트 빅투아르에 매료되었다. 그의 어릴 적 친구인 소설가 에밀 졸라(1840~1902)에게 1881년 5월에 보낸 편지에는 다음 같은 글이 나온다. '산을 그리기 시작했네. 흐린 날에 그린 몇 점과 햇빛 쨍쨍한 날에 그린 것 몇 점…' 1902년에는 생트 빅투아르가 내려다보이는 엑상 프로방스에서 가까운 레로브에다 아예 화실을 차렸다. 그래서 세잔은 생트 빅투아르를 주제로 50여 점이 넘는 작품을 남겼다고 한다.

지난겨울에 때아닌 큰 장마로 물난리를 겪었다는 론 강을 건넜다. 론 강 삼각주의 농가들은 북쪽 벽에 창문을 내지 않는다고 한다. 겨울에 북쪽으로부터 불어오는 미스트랄을 피하기 위해서라는 것이다. 그것도 모자라서 남쪽 벽면 창문에는 파란색을 칠한 나무 덧문을 대었다. 그러나 이방인 나그네가 느끼는 남프랑스의 겨울은 따뜻했다. 론 강을 건너고 나서 A8번 고속도로를 A9번 고속도로로 바꾸어 탔다. 이제는 몽펠리에다. 짧은 겨울 해가 벌써 중천에 걸렸다.

종교분쟁에 휘말린 남프랑스

몽펠리에는 10세기에 건설한 유서 깊은 도시였지만, 17세기에 들어 유독 종교분쟁에 휘말렸다. 프랑스 왕정은 15세기 이후 카톨릭 교회를 손아귀에 넣으면서 교황권敎皇權까지 떨쳐버렸다. 그런 와중에 16세기 들어서는 수공업자 계층을 중심으로 개혁파의 신교가 고개를 들고 일어났다. 몽펠리에는 바로 신교의 본거지였다. 그래서 1622년 루이 13세의 공격을 받은 몽필리에는 쑥대밭이 되었다고 한다. 오늘의 도시는 프랑스의 30년 종교 분쟁이 끝나고 나서 새롭게 재건한 모습이라는 것이다. 몽펠리에를 고전건축의 재해석을 한 자락 깐 것으로 평가하는 이유도 거기 있다.

남프랑스를 여행하면서 굳이 종교를 들추었던 이유는 16세기 프랑스 전역이 다 그랬지만, 특히 남프랑스 해안지역의 종교분쟁 피해가 막심했기 때문이었다. 론 강 유역의 도시 아비뇽에는 로마 교황들이 잇달아 들어와 살았다. 그래서 14세기 때 지은 아비뇽의 소교황청小敎皇廳은 지금도 명소로 남아있다. 그리고 정치적으로는 남프랑스 전체가 일찍 로마 총독이 통치하는 로마의 프로뱅시아였다고 한다. 몽펠리를 지나 얼마를 더 달려가서 만난 나르본은 로마 프로뱅시의 수도였는데, 로마 시대의 건축물이 아직도 여러 군데 존재한다는 것이다.

스페인 국경 뻬르삐냥

나르본을 한참 뒤로 하고는 고속도로 가까이의 해변이 간간이 눈에 들어왔다. 세잔의 그림에 나타난 듯한 푸른 바다며, 강한 구도의 해변이 다가왔다가 이내 스쳐 가고는 했다. 그렇게 지중해와 숨바꼭질을 하듯 달리는 동안 어느 사이에 뻬르삐냥에 다다랐다. 그러니까 남프랑스의 서쪽 끄트머리 피레네 오리엔탈 지역으로 들어온 것이다. 스페인의 바르셀로나와 함께 12세기 초엽 연합왕국으로 출범한 아라공 카탈로

니아 왕국에 역사의 뿌리를 둔 땅이 피레네 오리엔탈의 뻬르뻬냥이다. 그래서 흔히 프랑스 카탈로니아(바르셀로나)로 부를 만큼 스페인 냄새가 짙다고 한다. 빨강과 노란색의 카탈로니아 깃발이 나부끼는 뻬르뻬냥에서는 많은

스페인이 지척인 막세이 근처의 고속도로 휴게소. 계절은 아직 정월인 데, 봄꽃을 심는 손길이 바쁘다.

사람이 카탈로니아어를 쓴다고 했다.

어떻든 먼 길을 달려왔다. 이탈리아가 지척인 니스에서 스페인 국경 근처까지 달려온 것이다. 스페인은 엎드리면, 코가 닿을 듯 가까운 거리다. 그 먼 길을 오면서 두 참을 쉬었으니, 강행군이 분명했다. 막세이 근처 고속도로 휴게소에 들렀을 때 벌써 봄꽃 팬지를 화단에 심고 있었다. 그보다 더 남쪽으로 내려온 뻬르뻬냥에서는 지금 무슨 꽃을 심고 있을까. 그러나 꽃을 심는 뻬르뻬냥 사람들을 만날 겨를이 없다. 오늘 무슨 일이 있어도 또따벨까지 들어가야 하니까, 길을 더 서둘렀다.

₅

선사문화에 젖고, 포도주에 취한 또따벨의 밤

날이 궂으려는가, 구름이 몰려온다. 한나절이 훨씬 기울면서 하늘은 금세 회색이 되었다. 햇살이 가득했던 피레네 오리엔탈 날씨가 변덕을 부릴 참이다. 뻬르삐냥에서 A9번 고속도로를 벗어나 D117 일반도로로 들어섰다. 방향감각이 나침반처럼 정확치는 못했지만, 대강 북쪽으로 뚫린 도로를 달리고 있었다. 가끔 빗방울이 후두득 거린다. 어느 길인들 초행이 아닐까마는 비가 쏟아질지도 모를 낯선 길을 달리는 에뜨랑제 마음은 심란스러웠다. 에스타젤에 와서는 지도에 도로번호조차 표기되지 않은 시골 길로 바꾸어 타고, 길을 재촉했다.

아직은 평원인 데, 멀리 석회암 바위산이 시야로 들어온다. 하늘도 회색이요, 바위산도 회색이다. 거기 엷은 안개가 끼어들어 하늘과 산이 불분명하게 맞닿았다. 그래서 협로峽路가 회색의 미로마냥 다가온다. 좀 부풀려 말하면, 구절양장九折羊腸 같은 꼬불꼬불한 산길을 돌고 돌아서 숨가쁘게 달렸다. 산으로 빙 둘러싸인 제법 넓은 분지가 나타났다. 하루를 거의 달려와서 만난 또따벨Tautavel

지중해 연안의 니스에서 종일을 달려 해거름에 도착한 산간 분지의 또따벨. 전기구석기시대의 유적지로 널리 알려졌고, 포도주 아프레찌프 산지로도 유명하다.

이다. 마을을 다 지나지 않고, 다시 기어 올라간 데가 오늘의 목적지 유럽선사문화센터였다.

석회암 벼랑 아래 선사문화센터

마을이 내려다보이는 석회암 바위벼랑 아래 자리한 유럽선사문화센터는 그저 편안해 보이는 평범한 건물이었다. 사냥 시늉을 한 구석기인 조형물 하나가 울도 담도 없는 건물을 지키고 있을 뿐 분위기가 아주 차분했다. 그러나 세계 구석기 고고학 중심에 드는 유럽선사문화센터의 명성을 외관만을 보고 평가할 수는 없다. 일행을 먼저 연구동研究棟으로 안내되었다. 연구인력이 80여 명이나 상주하는 큰 연구소였다. 프랑스는 물론 불어권 아프리카 국가, 스페인, 이탈리아, 구르지아, 중국 등 연구원들의 국적도 무척 다양했다. 세계적인 구석기연구의 메카라는 사실은 연구동 곳곳에서 감지되었다.

세계 구석기 고고학 중심에 드는 유럽선사문화센터. 사냥 시늉을 한 구석기인 조형물이 인상적인 이 연구소에는 프랑스는 물론 불어권 아프리카 국가를 비롯 이탈리아와 스페인, 구르지아와 중국 등의 연구원 80여 명이 상주하고 있다.

유럽선사문화연구소는 1967년 또따벨에서 발굴한 이른바 '아라고Arago 21'인골 출토를 계기로 문을 열었다. 그 주역은 앙리 드 룸리 교수였다. 지중해 연안 망똥의 발로네 동굴을 비롯 니스의 라자레와 떼라 아마따 유적을 발굴한 장본이기도 하다. 그는 '아라고 21'을 손수 발굴한 뒤 또따벨과 끈끈한 인연을 맺었다. 연구소에서는 토양 및 꽃가루 분석, 연대측정, 고인류 및 고동물, 석기 연구와 함께 유물의 복제와 유물의 전산화 작업이 이루어지고 있다.

유럽선사문화연구소 한국인 최초의 연구원은 지금 연세대 사학과 교수인 박영철 박사(구석기 고고학)다. 그는 '아라고 동굴… 동굴의 퇴적 상황과 전기구석기시대 석기연구'로 1980년 프로방스대학에서 박사학위를 받았다. 앙리 드 룸리 교수의 수제자인 그는 프로방스대 대학원에 적을 두고 유럽선서문화연구소 유적 발굴 책임자로도 활약했다. 밤낮을 가리지 않고 연구소를 찾는 그의 열정을 아무도 못말려 나중에는 아예 연구소 열쇠 모두를 내주었다는 일화가 있다. 그래서 연구소의 모든 자료를 아무 때나 활용하는 특전을 받게 되었다고 한다. 웬만한 지도에는 지명조차 나오지 않는 남프랑스의 오지 또따벨을 학문적으로 외롭게 평정한 불굴의 한국인일 것이다.

유럽선사문화센터에서 처음 만난 앙리 드 룸리 교수는 자상한 할아버지 같은 노신사였다. '아라고 21' 머리뼈를 보관한 방에서 자신을 소개할 때 손자가 열하나 반¶이라는 농담을 던졌다. 그러니까 열 명의 손자에 한 며느리가 지금 임신을 했다는 이야기다. 유럽에서 가장 오래된 사람의 머리뼈 '아라고 21'을 케비닛에서 꺼내 보여 주면서 "외부인들에게 처음 공개한다"는 말을 잊지 않았다.

유럽의 보물 '아라고 21'

'유럽의 보물'로 여겨도 좋을 만큼 귀중한 자료 '아라고 21'에는 손상된 부분이 분명하게 남아 있다. 룸리 교수는 당시 구석기인들에게는 사람의 골수를 빼 먹었던 식인食人의 흔적일 수도 있다는 견해를 제시했다. 그는 프로방스대학을 연구의 근거지로 삼아 프로방스 남부와 남서부 여러 구석기유적을 발굴한 고고학자다. 특히 '아라고 21'과 인연이 되어 또따벨을 사랑하는 마음이 대단했다. 그래서 둘째 아들이 또따벨에 정착했고, 자신도 여생을 파리가 아닌 또따벨에서 보내고 싶다는 것이다.

또따벨 유럽선사문화센터에서 처음 만난 앙리 드 룸니 교수가 필자에게 유물을 보여주고 있다.

그는 또따벨 사람들로부터 대단한 존경을 받는 인물이다. 또따벨이라는 궁벽窮僻한 시골 마을을 일으켜 세우는 데 크게 공헌했기 때문이다. 유럽 최고最古의 고인류 머리뼈 발굴과 함께 그가 또따벨에 세운 유럽선사문화센터와 부설 선사박물관은 프랑스인과 해외사람들을 시골 마을로 끌어들이는 관광자원이 되었다. 프랑스도 농촌인구가 줄어드는 추세지만, 또따벨은 유독 인구가 유입된다고 했다. 그리고 한 해에 10만 명이 넘는 관광객이 몰려든다는 것이다.

그런 탓에 또따벨에는 활기가 넘쳤다. 조금씩 담가 먹던 포도주에 또따벨 생산지를 넣은 독자 라벨을 붙여 팔고 있다. 어느 해에는 앙리 드 룸리의 초상肖像이 든 라벨을 붙여 포도주를 시판했는데, 불티나게 팔렸다고 한다. 얼핏 척박해 보이는 또따벨 분지의 포도는 나름대로 유명하다. 포도알이 자잘하지만, 당도가 높은 뮤스까데라는 종자라고 한다. 입맛을 돋우기 위해 끼니 전에 마시는 포도주 아프레찌프를 빚기에는 그만한 종자가 없다는 것이다.

유럽선사문화연구소 구내에 자리한 또따벨 선사박물관까지 둘러보느라고 시간이 좀 걸렸다. 아고라 동굴 출토유물을 토대로 전기구석기시대 고인류의 삶을 재현한 박물관은 그리 크지는 않지만, 높은 안목이 엿보였다. 1층과 반지하 및 지하로 이루어진 박물관에는 인류의 시발에서부터 선사시대 모두를 아우른 21개 전시코너가 마련되었다. 동영상실을 갖춘 선사박물관은 어디에 내놓아도 손색이 없을 만큼 짜임새가 돋보였다. 마을로 내려와 또 다른 전시공간인 특별전시관을 보고 나왔을 때는 벌써 날이 저물었다.

아름다운 여인을 위하여

오늘도 강행군한 하루 스케줄을 마감할 시간이 되었다. 우리네 시골식당 같은 레스토랑에서 아프레찌프를 초벌로 마시고, 식사와 함께 꼬냑 몇 순배가 돌았다. 다른 식사 약속을 끝낸 룸리 교수가 유럽선사문화센터 사무장인 마담 마리 레진느 메를르 데 일과 함께 레스토랑에 나타났다. 그리고 기 일라리 읍장룐長도 동석했다. 읍장은 지난 1986년 또따벨 포도주 홍보를 위해 한국을 들렀

우리네 시골식당 같은 레스토랑에서 만난 유럽선사문화연구소 사무장 마리 레진느 메를르 데 일. 그녀와 일행의 연장자인 김홍기 교수를 위해 포도주잔으로 건배를 외쳤다.

기 때문에 마치 십년지기+年知己나 되는 것처럼 금방 어울렸다. 그는 포도주 몇 박스를 선물로 내놓은 후덕한 인정을 베풀었다.

여인네가 아름답다는 것은 참으로 즐거운 일인지도 모른다. 룸리 교수와 동행한 레진느 메를르 데 일은 50대 초반의 여인이었는데, 영화에 나오는 프랑스의 전형적인 미인처럼 보였다. 옆으로 좀 납작한 두상하며, 볼륨이 잡힌 이목구비가 뚜렷했다. 아담한 몸매에 군살 하나가 없다. 우리 일행의 연장자를 예우하느라, 그녀를 충북대 명예교수 김홍기 박사 옆자리에 앉도록 배려했다. 그리고 그녀와 또따벨을 위해 잔을 들어 브라보를 외쳤다. 모두가 신사들이었으니까….

••6
선사의 베일을 벗은 동굴 꼰느 드 아라고

포도주 몇 순배에 밤은 깊고 …

레스토랑에서 포도주 몇 순배가 돌아가는 사이 산골 마을의 한밤은 쉬 다가왔다. 여럿이 어울려 술이 거나하면, 왁자지껄하게 마련이다. 일행은 남의 동네 또따벨 밤길을 좀 시끄럽게 걸어서 숙소인 작은 2층 민박집으로 돌아왔다. 석회암지대 유적지의 민박집답게 '바위그늘' 뜻을 가진 '아브리 수 로슈'라는 옥호가 그럴듯했다. 석회암지대의 선사유적先史遺蹟은 대개 동굴이나 바위그늘에 자리했다. 이름이 근사한 민박집 '아브리 수 로슈' 현관에는 우리 한국의 안동 하회탈이 마스코트처럼 떡 걸렸다.

하회탈이 거기 걸린 까닭은 다음 날 아침에야 알게 되었다. 새벽부터 일어나 일행을 챙기는 주인아주머니는 아주 바지런했다. 동양인이 무색하게 키가 작은 중년의 프랑스 아주머니는 손님들의 잠자리 준비에서 식사와 잔심부름까지 혼자서 도맡아 척척 해냈다. 그 바쁜 틈새를 비집고 들어가 하회탈의 사연을 들었다. 우리나라 공익요원 같은 신분으로 주한駐韓프랑스 대사관에 근무했던 아들이 한국에서 가지고 온 것이라고 했다. 우리 일행이 한국에서 왔다는 말에 유난히 반색했던 이유도 그 때문이었을 것이다. 아침 식사 때는 뻬르삐냥 럭비팀 행정요원으로 일한다는 바깥주인 남편까지 나와 인사를 하고 거들었다.

민박집 현관의 하회탈

남프랑스에서 럭비는 상당한 인기를 끄는 스포츠라고 한다. 유독 남프랑스에만 몸싸움이 격렬한 스포츠 럭비를 즐긴다는 것이다. 지역별 구단 간의 경기는 물론 영국연방 국가 팀을 초청하는 경기도 이루어진다는 이야기다. 프랑스와 영국이 싸운 백년전쟁(1373~1453) 이전까지 영국 식민지의 중심도시이자 전쟁의 꼬투리가 되었던 보르도가 남프랑스 가까이에 있다. 그 이후에도 니스의 프로므나드 데 장글레처럼 영국인들이 줄곧 남프랑스로 건너와 살았다는 역사를 상기하면, 그들이 즐겼던 스포츠는 자연스럽게 따라붙었을 것이다.

또따벨의 핵심유적은 물론 아라고 동굴이다. 마을을 유명하게 만드는 데 한몫을 단단히 한 아라고 동굴을 민박집 '아브리 수 로슈'에서 서북쪽으로 약 3~4Km쯤 떨어진 거리였다. 또따벨 분지에 가득 들어선

석회암 바위벼랑 냇가에 자리 잡은 물방앗간이 묘한 여운을 풍긴다. 물방앗간 뒷산이 바로 아르고 동굴인 지라 유적 발굴단의 주방으로 이용된다고 한다.

뮤스까데 포도원 사이를 달렸다. 물길이 제법 넓고도 깊은 냇가의 옛날 물방앗간이 낭만적으로 다가왔다. 마을이 멀어 퍽이나 외진 이 물방앗간에도 애간장을 녹였던 깊은 사연이 숨었을 지도 모를 일이다. 그러나 오늘날 분명한 것은 아라고 동굴 발굴단 숙소에 달린 주방용 건물로 쓴다는 사실이다. 유럽선사문화연구소 소속 남녀발굴단원들이 4~10월에 이르는 춥지 않은 계절에만 여기 머물면서 먹고 잔다고 했다.

물방앗간 뒷산의 석회암 동굴

냇가 물방앗간 뒷산 석회암 바위벼랑에 아라고 동굴이 있다. 한참을 코가 닿을 듯 가파른 벼랑을 기어 올라가 동쪽을 향해 입을 딱 벌린 아라고 동굴을 만났다. 동굴은 마치 성소聖所나 되는 것 마냥 입구에는 철문을 만들어 세우고, 빗장을 굳게 걸었다. 본래의 동굴 이름은 꼰느 드 아라고Caune de l'arago다. '동굴 중의 동굴'이라는 뜻이라고 한다. 그런 동굴을 마구 버려둘 수가 없었을 것이다. 동굴이 처음 세상에 알려진 것은 1838년이니까, 지난 19세기의 일이다. 좁고 깊은 동굴에서 동물뼈가 보였기 때문에 사나운 동물이 서식했던 짐승굴 정도로 여겼을 것이다. 그리고 1948년에 고고학 발굴이 이루어지기는 했지만, 유적의 중요성이 제대로 부각되지는 않았던 모양이다.

동굴 중의 동굴 아라고

아라고 동굴이 전기구석기 유적으로 분명하게 밝혀진 것은 1964년 앙리 드 룸리 교수가 발굴을 맡고부터다. 그 유명한 유럽 최고最古의 사람 머리뼈를 지칭한 '아라고 21'이 1967년에 출토되었다. '아라고 21'이 나온 동굴 맨 밑바닥 층위層位에서 거둔 자료를 대상으로 한 연대측정 결과 시대가 35만 년 전에서 40만

유럽에서 가장 오래된 사람 머리뼈가 나온 전기구석기 시대 유적 끄느 드 아라고. 바위벼랑에 보이는 인공 구조물 안쪽에 자리한 아라고 동굴에서는 35만~40만 년 전에 살았던 전기구석기인의 인골과 함께 돌연모가 출토되었다.

년 전까지 올라가는 것으로 밝혀졌다. 그리고 긁개와 톱날돌연모가 같은 층위에서 나와 프랑스 전기구석기시대의 문화전통을 잘 드러내 보였다는 것이다.

이 동굴 유적의 퇴적물은 거의가 추웠던 시기에 쌓여 이루어진 것으로 보고 있다. 동굴 맨 아래 층위에서 나온 35만 년 전에서 40만 년 전으로 올라가는 '아라고 21' 머리뼈의 주인공이 살았던 시기는 중기홍적세 후반쯤이 아닌가 한다. 민넬 빙기라는 기나긴 빙하시대였을 것이다. 니스 떼라 아마떼에 불의 유적을 남긴 호모 사피엔스와 같은 신인新人이 '아라고 21' 머리뼈의 주인공이었을 것으로 추정된다. 호모 사피엔

스는 호모 에렉투스의 진화경향을 이어받은 인류를 말한다. 그러나 떼라 아마따에서는 뚜렷한 사람뼈가 보이지 않아 '아라고 21' 머리뼈가 유럽에서 가장 오래된 최고의 자리를 요지부동으로 지키고 있다.

그렇듯 까마득하게 먼 옛날 생명체가 남긴 뼈대가 고스란히 보존된 것은 석회암지대라는 지질의 특성 때문이다. 석회암 동굴을 생명체의 비밀을 감춘 지질시대地質時代의 보고로 일컫는 까닭도 거기 있다. 동굴 천정으로부터 녹아내린 침전물沈澱物이 동·식물의 유체遺體를 굳혀버리는 이른바 고화固化현상을 일으켜 화석化石으로 변화시킨다. 그래서 화석에는 태고의 흔적이 기록처럼 남는다. 한반도 중부지역인 충북 단양 일대의 석회암지대가 오늘날 구석기유적으로 각광을 받는 것도 그런데 연유한다.

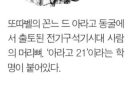
또따벨의 꼰느 드 아라고 동굴에서 출토된 전기구석기시대 사람의 머리뼈. '아라고 21'이라는 학명이 붙어있다.

아라고 동굴을 비롯한 또따벨의 석회암층은 백악기白堊紀 전기에 형성되었다고 한다. 백악기는 고생대古生代에 이어 2억 3000만 년 전에 시작한 중생대에 들어간다. 1억 6700만 년 동안 3기紀에 걸쳐 계속된 중생대 말기가 백악기다. 그 무렵 땅이 솟아오르거나 내려앉은 지각변동地殼變動에 따라 오늘의 또따벨 석회암지대가 생겨났다는 이야기다. 지금의 석회암층은 바다로부터 높이를 따지는 해발고도海拔高度와는 아무런 상관이 없이 본래는 바다 밑이었다. 조가비나 고동 따위의 패각류貝殼類가 엄청나게 많이 살았던 바다 밑이 불끈 솟아올라 석회암층을 이룬 것이다.

작은 마을의 애국혼

아라고 동굴을 둘러보고 내려와 마을 바깥 유럽선사문화연구소 기숙사를 들렀다. 그리고 또따벨 친구들과 자별의 인사를 기숙사 마당에서 나누었다. 만나면 반드시 헤어진다는 회자정리會者定離의 시간이 돌아온 것이다. 차에 올라 또따벨이 멀어지기 시작하면서 잠이 쏟아졌다. 새벽에 일어나 마을을 한 바퀴 돌았기 때문에 잠이 좀 모자랐던 탓이리라. 새벽 일찍 길에 나왔을 때는 벌써 깊은 잠에서 깨어난 사람들이 더러 트랙터 엔진에 시동을 걸었고, 마을 바깥으로 멀리 갈 학생들의 통학버스도 떠날 채비를 차리는 참이었다. 그렇게 하루를 새벽부터 서두르는 부지런한 또따벨 사람들이 머리를 스쳤다. 맨 먼저 문을 연 빵 가게서 갓 구워낸 따끈한 빵 하나를 사서 입맛을 다셨다.

그 새벽에 동구까지 나와 또 다른 프랑스를 보았다. 마을 공동묘지였는 데, 입구에 우뚝한 조형물이 불쑥 나타났다. 그저 평범한 조형물에는 사람 이름이 가득 들어있었다. 세계 1차대전과 2차대전에 이어 알지에 전쟁 등 국가가 위기에 닥쳤을 때마다 전장에서 산화한 또따벨 출신의 용사들 이름이라고 했다. 작은 마을치고는 꽤 많은 이들이 희생되었던 모양이다. 작은 마을에서조차 조국을 위해 산화한 이들을 잊지 않고, 이름을 새겨 역사로 남겨놓은 사실이 위대했다. 작은 촌락공동체를 국가의 기본으로 여긴 프랑스인들의 사고와 함께 애국혼이 엿보였다.

선사문화가 살아 숨쉬는 비경의 도르도뉴

짧은 북반구 겨울 해

이제 프랑스 서남부로 달려갈 참이다. 남부 프랑스 답사는 또따벨에서 끝내고, 서남부의 오지 도로도뉴 계곡으로 가기 위해 차를 몰았다. 서남부 2대 도시의 하나인 가론 강 유역 아키덴 분지의 도르주를 이내 지나쳤다. 그리고 A20번 고속도로를 따라 북상하다 브리브에서 서쪽으로 난 D704번 국도로 바꾸어 탔다. 도로도뉴 강 상류 레제지 드 다야크로 가는 관문 테라쏭에 닿았을 때 날씨는 기어이 변덕을 부렸다.

도르도뉴 강 상류의 레저지 드 다야크의 중심도로. 빗길을 달려온 레저지 드 다야크 상가에는 벌써 불을 밝히기 시작했다.

그제 뻬리뻬냥에서 간간히 떨구었던 빗방울이 하루를 잘 참아 주더니만, 끝내 비를 몰고 왔다. 그것도 겨울비가 청승스러울 만큼 추적추적 내렸다. 겨울 한복판에 눈도 아니고 비가 내린다는 사실에서 지금 찾아가는 도르도뉴 강 상류의 후기구석기시대에도 늘 혹한酷寒만 머문 것은 아니었나 보다. 대서양 건너 멕시코 만灣으로부터 흘러온 난류의 영향을 받은 해양성 기후가 이 겨울에 비를 뿌리는 것처럼 후기구석기시대 도르도뉴 계곡의 추위도 누그러뜨렸을 것이다.

도르도뉴 강 상류 레제지 드 다야크로 가는 시골 길은 커브가 급하고 비좁았다. 길을 달리는 동안 도르도뉴 지류인 베제르 강 물줄기를 곧잘 만났고, 레제지가 가까워지면서는 산세조차 험하게 다가왔다. 테라쏭에서 한 시간을 좀 넘게 달려왔으니까, 그리 먼 거리는 아니었다. 그러나 무척 멀게 느꼈던 것은 초행의 빗길이었기 때문일 것이다. 북반구의 겨울 한낮은 유난히 짧아 레제지 드 다야크에 도착했을 때, 시계는 벌써 하오 5시를 가리켰다. 그러나 겨울비 속으로 달려온 도르도뉴 강가의 안개는 무척이나 부드러웠다. 포근한 날씨 탓에 바람이 차갑지 않았기 때문이리라.

어두워지기 시작한 빗길이라 동서남북이 분간되지 않은 숲길을 또 달렸다. 호텔에 짐을 던지다시피 내려놓고, 하오 6시가 넘어서야 아브리 드 캡 블랑 유적에 다다랐다. 유적은 뷘 계곡 안쪽에 있다. 본래는 바깥으로 노출된 바위 그늘 유적인 데, 앞에다 전시관을 지어 유적을 보이지 않게 가렸다. 겨울철에는 찾아오는 관람객이 없어서 문을 열지 않는다고 한다. 그런데 유적 소유주가 우리 방문단을 위해 문을 열어 놓고, 기다렸다는 것이다. 유적에 소유주라니, 무슨 뚱딴지같은 소리로 들릴지도 모른다. 그러나 프랑스에서는 문화유적의 소유권을 제도적으로 인정한다는 것이다. 물론 국가지정 문화유적이기는 하지만, 소유주가 입장료를 받아 운영한다는 이야기다.

유적에도 주인이

지난 1909년에 발견된 아브리 드 캡 블랑 유적의 전시관. 이 전시관을 지나면 구석기시대 바위 조각품인 소벽(塑壁)이 나온다(황기훈 그림).

그리고 보면, 주인은 프랑스 판 '봉이 김선달'은 아닐런지 모르겠다. 주인은 석회암 바위그늘 벽에 릴리프 형식으로 말을 조각한 소벽塑壁 흔적을 그런대로 잘 가꾸었다. 1층 전시관을 거쳐 2층에 올라가 또 다른 문 하나를 더 열고 들어간 유적 내부는 장엄했다. 더구나 조명용 라이트가 명암을 살렸기 때문에 말 그림 릴리프 윤곽이 선명하게 드러났다. 그래서 신비롭기까지 했다. 바위 벽면이 튀어나오거나 들어간 본래의 상태는 크게 망가뜨리지 않고, 말을 형상화한 후기구석기인들의 솜씨가 실로 환상적이었다.

아브리 드 캡 블랑 바위그늘 유적의 릴리프 주제는 말이다. 어른 말 크기와 비슷한 길이 220cm 정도의 말 5마리가 뚜렷하게 보인다. 새끼를 밴 암말도 있다. 어떤 말머리 위에 작은 들소를 새겨 넣기도 했지만, 주제는 어디까지나 말이었다. 매끄럽지 못하게 가로 거치는 부분은 더러 떼어내고, 부싯돌연모 밀개로 문질러 말을 새겼다. 갈기를 가지런하게 다듬은 말에서는 사육의 흔적이 보인다는 견해가 있다.

오늘날 말은 겨울이 춥고 황량한 몽골 같은 북반구에서도 야생으로 살아간다. 날씨가 추웠던 빙하기 구석기시대에도 프랑스 서남부 고원지대에 야생마가 서식했을 것이다. 그 무렵 말이 실제 떼지어 살았다는 증거가 있다. 캡 브랑처럼 바위그늘인 동부 프랑스 르 록 솔뤼트레 유적 바깥에서 10만 마리 몫이 넘는 말뼈가 무더기로 발견되었다. 인류는 습성을 잘 아는 동물만을 골라 사냥했다는 학설이 없는 것은 아니다. 그러나 말이 엄청나게 잡힌 것은 개체 수가 그만큼 넉넉했다는 사실을 뒷받침한다.

캡 블랑 바위그늘에 살았던 후기구석기인들은 자신의 보금자리 바깥에 서식하는 동물의 세계를 눈여겨보면서, 동물의 생태적 정보를 축적했을지도 모른다. 그리고 머릿속에 담아 두었던 기억을 되살려 동물을

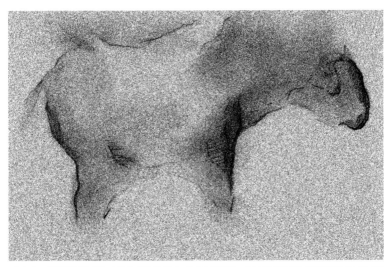

아브리 드 캡 블랑 유적의 바위에 새긴 말을 스케치로 표현한 그림. 바위벼랑의 자연적 평면을 망가뜨리지 않고, 조각한 말 자체가 지극히 역동적으로 다가왔다(황기훈 그림).

표현하지 않았을까. 더러는 석회암 돌판石板에 미리 동물 그림을 새기는 야외 스케치 방법도 동원되었을 것이다. 캡 블랑 같은 큰 유적의 동물 그림에 나타난 전문적인 예술성은 돌판 따위를 캔버스로 삼아 실물을 보는 대로 그때그때 새긴 반복훈련에서 비롯되었을 가능성도 없지는 않다.

환상적 말 릴리프

아브리 드 캡 블랑 유적은 1909년 레몽 뻬이릴르에게 발견되었다. 처음 발견했을 때는 그늘을 이루었던 석회암 바위가 떨어져 내리고, 바람을 타고 밀려든 흙이 길길이 쌓인 상태였다고 한다. 레몽 뻬이릴르는 릴리리프 형식의 말 그림 조각이 유적에 존재한다는 사실을 까맣게 모르는 채 흙더미를 치웠다. 그리고 석영으로 만든 돌연모와 함께 화덕자리를 먼저 찾아냈다. 또 시신의 팔다리를 굽힌 자세로 묻은 굴장屈葬형태의 사람뼈도 찾아냈다. 이 인골은 키가 160cm 정도에 이르는 20살가량의 여인네 뼈로 밝혀내기는 했다.

그러나 발굴자는 유적을 제대로 다루지 못했거니와, 출토유물을 건사하는 데도 소홀했다는 비판이 뒤따랐다고 한다. 유적에서 나온 사람뼈가 미국 시카고 박물관에 팔린 것도 비판의 대상이 되었다. 지금 아브리 드 캡 블랑 유적 바닥에 잔뜩 웅크리고 누워있는 사람뼈는 시카고박물관 소장품을 본떠서 나중에 가져온 복제품이다. 처음 발굴에서는 돌연모에만 눈독을 들였다는 것이다. 더구나 말 그림 릴리프에 일부러 칠해놓은 붉은 색깔의 흙인 자토赭土를 솔로 지워버리는 잘못을 저질렀다는 이야기도 있다.

이 유적의 발굴 뒷마무리는 앙리 브뢰유에게 돌아갔다. 그는 라스코 동굴 그림들을 투사投射로 옮긴 신부이자 고고학자다. 평생을 구석기시대 동굴 예술에 매달렸고, 네안데르탈인의 사회조직을 소박한 상상력을 빌려 그린 그림을 남기기도 했다. 어떻든 아브리 드 캡 블랑 바위그늘 유적은 레제지 드 다야크 지역 명소의 하나로 자리를 잡았다. 그런데 유적 주변은 오두막집 한 채가 없는 무인지경無人之境이어서 겨울비가 축축이 내리는 숲 속은 스산했다.

캡 블랑 유적은 두 문화층文化層으로 이루어졌다. 맨 먼저 들어온 사람들이 살았던 땅바닥은 기원전 1만 6000~9000년쯤의 지층인 막달레니안 문화층이다. 세월의 무게처럼 두껍게 퇴적한 막달레니안 문화층에서는 찌르개 따위의 석영제石英製 돌연모가 나왔다. 이어 막달레니안 문화층을 밟고, 그 위에 돌날 연모로 대표되는 이른바 아질리안 문화층 하나를 얇게 올린 사람들이 중기구석기시대라고도 말하는 후기구석기시대 끄트머리를 잠깐 살았을 것이다.

••8
인류 삶의 흔적이 켜켜로 쌓인 아브리 빠또

벼랑에 둥지를 튼 유적

겨울비 치고는 제법 많이 내린다. 베제르 강 깊은 골짝에 어둠이 깔린 지 오래고, 레제지 드 다야크 거리에는 인적마저 끊겼다. 이 겨울비가 내리는 날, 외진 유적지를 찾는 이들이 없어서 마을이 조금은 을씨년스러웠다. 그래서 빗물이 얼룩진 카페 창가에 앉아 포도주 몇 잔을 기울이고 싶은 밤이기도 했다. 그 자리에 샹송이 깔리면, 비 내리는 겨울밤의 운치가 더 살아나겠지…. 고독한 멜로디도 좋고, 감미로운 노랫말로 속삭이듯 부르는 샹송도 굳이 마다할 리가 없는 멜런컬리한 밤이었다.

그런데 실은 저녁 끼니도 아직 못 때웠다. 캡 블랑에서 레제지드 다야크에 도착한 다음 곧바로 아브리 빠또 유적이 자리한 석회암 바위벼랑 길을 올라갔다. 큰길가 유적이어서 멀지는 않았다. 오늘날의 유적 자리인 바위그늘에는 빠또라는 이가 살았던 집이 들어앉아 있었다고 한다. 지난 1958년 유적을 발굴하기 위해 집을 철거할 때, 그를 기리는 마음에서 유적 이름을 아브리 빠또로 지었다는 것이다. 이마가 뿔쏙한 바위그늘에다 마치 제비 둥지처럼 집을 지어놓은 낯선 풍경은 베제르 강과 합류하는 도르도뉴 강 유역 석회암지대서 흔히 만날 수 있다.

레저지 드 다야크 큰 길가에의 바위그늘 아브리 빠또. 유명한 아브리 빠또 유적이 이 바위그늘 속에 자리했거니와, 국립선사유물전시관도 바위벼랑에 붙어있다.

프랑스 후기구석기시대 유적의 하나가 아브리 빠또다. 이른 시기의 후기구석기문화는 유럽 동쪽으로 먼저 들어왔다. 그러나 문화의 발달순서는 뚜렷이 가릴만한 유적은 프랑스 서남부에 밀집되었다. 3만 4000년 전에서 3만 3000년에 이르는 시기부터가 유럽의 후기구석기시대다. 보다

정교한 돌연모와 함께 뼈연모가 나타나는 시대이기도 하다.

심미안적 시각예술품의 등장

이와 함께 심미안이 돋보이는 시각예술도 이 시대에 접어들어 등장한다. 특히 엄청난 덩치의 바위벼랑이 가득 들어선 도르도뉴 유역은 후기구석기시대 문화양상을 단계적으로 드러낸 여러 유적이 존재했기 때문에 일찍부터 주목을 끌었다.

도르도뉴 강 지류인 베제르 강 유역의 아브리 빠또는 라 페라씨와 로저리 오또, 라 마드렌느 유적과 함께 여러 단계의 후기구석기문화가 켜켜로 싸인 바위그늘이다. 유적은 지난 19세기 말에 발견되었다. 1898년 고고학자 리비에르가 발굴에 나선 뒤 1911년에는 하우저가 손을 댔다. 그러나 본격적인 첫 학술발굴은 1958~1964년까지 미국 하버드대학 뫼비우스 교수가 맡고부터 본격적으로 이루어졌다. 당시 프랑스가 뫼비우스 교수에게 제시한 발굴허가 조건은 경비 모두를 하버드대학이 부담하고, 출토유물은 반출하지 않는 것이었다고 한다.

아브리 빠또는 프랑스에서 그리 흔하지 않은 국가소유 유적이다. 뫼비우스 교수 뒤를 이어 현재의 파리 고인류연구소장인 앙리 드 룸리 교수가 1986년부터 이 유적 발굴을 책임지고 있다. 첫 삽을 든 이후 한 세기가 훨씬 넘었지만, 지금까지 3분의 1정도가 겨우 발굴되었다. 고고학은 지극히 과학적인 학문이라는 사실을 상기하면, 유적발굴은 객관적 사고를 전제로 한 정확성이 요구되는지도 모른다. 어떻든 1년에 10cm 이상을 발굴하지 않는 불문율 같은 원칙을 지킨다는 것이다.

유적 내부에는 조명등을 밝혀 대낮마냥 환했다. 발굴현장 바닥 위에

아브리 빠또 유적의 지층. 지난 19세기 말엽에 발견한 이 유적에서는 지금도 매년 10cm 안팎의 발굴이 이루어지고 있다.

다는 많은 사람이 한꺼번에 몰려와 유적을 돌아보아도 끄떡없는 시설을 완벽하게 갖추었다. 그리고 바위그늘 바깥을 가리는 지붕을 올리고, 바람막이 담장에다는 문짝까지 달린 출입구를 마련해 놓았다. 그래서 유적 안이 실내나 마찬가지로 안온했고, 비가 세차게 쏟아지는 바깥과 아주 격리된 느낌이 들었다. 기후나 계절에 아랑곳없이 유적 안에서 전천후로 발굴작업이 이루어진다고 했다.

아브리 빠또 유적은 시대에 따라 서로 다른 층위가 분명하게 쌓여있다. 유적에 살았던 사람들이 남긴 삶의 터전이기도 한 문화층文化層은 모두 14개 층이고, 퇴적 두께는 10m에 이른다. 인류가 이 유적에 처음 들어와 맨 아래층에 자리를 잡은 시기는 약 3만 년 전쯤으로 추정된다. 그리고 나서 2만 9000년 전까지 약 4000년 동안을 살면서, 이른바 오리그네시안 문화층을 다져 나갔다. 오리그네시안 문화의 대표적 유물은 가공한 돌연모로 밝혀졌다.

아브리 빠또의 막달레니안은 마당발

그리고 2만 9000년 전쯤에는 오리그네이션 문화가 끝나고, 빼리고디안이라는 새로운 문화가 아브리 빠또로 들어왔다. 이 유적에서 출토된 슴베찌르개와 날카로운 조각칼을 일컫는 뷰랑 따위의 돌연모가 빼리고디안 속성을 보이는 유물들이다. 이 유적의 마지막 시대는 2만 년 전쯤의 프로트 막달레니안 문화기다. 막달레니아 문화는 아브리 빠또에서 가까운 베제르 강 건너 라 마들렌느 유적에서 비롯되었다. 아브리 빠또 유적 맨 위층에 터를 잡은 프로트 막달레니안 문화는 라 마들렌느의 막달레니안 문화보다 앞서는 원초적인 것이다. 격지를 가진 얇은 긁개를 비롯 뚜르개와 새기개 등의 돌연모가 이 문화층에서 나왔다.

아브리 빠또 유적에다 막달레니안 문화를 심은 사람들은 싸돌아다니기를 좋아한 마당발이 분명했다. 이는 유적에서 서쪽으로 40km나 떨어진 베르쥬락까지 가서 돌연모를 만든 돌감을 가지고 왔다는 사실에서 잘 드러난다. 완벽한 돌연모를 만들기 위해 베르쥬락에서 나오는 부싯돌을 일부러 운반해 왔던 것이다. 한 층위에서 출토된 1,836점의 부싯돌 돌연모 가운데 500여 점이 베르쥬락에서 나오는 원석을 사용한 것으로 분석되었다. 아브리 빠또 유적의 프로트 막달레니안 문화에서는 행동반경이 넓은 전문가 집단의 장인匠人정신이 엿보인다고 말할 수 있다.

사냥감을 골라잡다

지금까지 아브리 빠또에서 나온 동물뼈만 해도 엄청난 숫자를 헤아린다. 후기 빼리고디안 문화층에서만 6만 5000여 점의 동물뼈가 나왔다. 이들 뼈를 분석한 결과 큰 젖먹이 짐승은 15종이나 되었다. 이 가운데 약 83%가 사슴과에 속하는 덩치 큰 짐승인 순록으로 밝혀졌다. 순록은 살집이 실할뿐더러 유순한 짐승이었기 때문에 아브리 빠또 사람들에게 만만한 사냥감이었을 것이다. 순록 가운데도 3살짜리 아래의 어린것과 10살이 넘는 늙은 것을 더 많이 잡았다. 심지어 임신한 늑대

뼈까지 나와 새끼를 밴 암컷도 마다치 않고 잡는 등 거동이 느린 짐승들을 골라 사냥감으로 점을 찍었던 모양이다.

이 밖에 말사슴을 비롯 말과 첫소 같은 큰 짐승들 뼈도 유적에서 출토되었다. 그러나 순록의 뼈가 골고루 나온 것과는 사뭇 달리 이들 대형동물의 뼈는 팔다리의 대롱뼈 등 일부만이 출토되었다. 그 이유

레제지 드 다야크의 아브리 빠또 유적전시관 들머리. 아브리 빠또의 시설물은 지었다기 보다는 바위그늘 아래 적당한 공간을 마련한 다음 벽돌을 쌓아 칸을 막았을 뿐이다.

는 사냥한 뒤 필요한 부분만 잘라 왔기 때문이라고 한다. 늑대도 여러 마리가 나왔지만, 거의가 흩어진 몇 개의 뼈와 이빨들이다. 이는 잡았다기보다는 늙어서 저절로 죽은 시체에서 특정 부위의 뼈와 이빨을 치레걸이를 만들기 위해 유적으로 가져왔을 가능성이 많다. 왜냐하면, 이빨에 구멍을 뚫어놓은 흔적이 발견되기 때문이다.

아브리 빠또 유적은 햇볕이 늘 드는 서남쪽을 바라보고 있다. 레제지 드 야크는 물론 유적 앞에 유유히 흐르는 베제르 강 일대 개활지開豁地가 한눈에 들어온다. 짐승들이 이동하는 길목을 망보기에도 더할 나위 없이 좋은 자리다. 그래서 사람들은 사냥감을 쉽게 찾아 베제르 강 쪽으로 몰아쳐서 잡았을 것이다.

••9
벙커 같은 유물관 안에 다소곳한 '마담 빠또'

가여운 여인 '마담 빠또'

레제지 드 다야크의 아브리 빠또 유적 옆에는 바위그늘을 가려 만든
유물전시관이 있다. 난공불락難攻不落의 벙커 같은 전시관이다. 유적관

리소나 창고 등 아브리 빠또의 모든 시
설은 철옹성鐵甕城처럼 지었다. 시설물들
을 지었다기보다는 바위그늘 아래 적당
히 공간을 확보했다는 표현이 옳다. 그
러니까 바위그늘을 드리운 이마 끄트머
리까지 벽돌을 쌓아올린 다음에 안쪽에
다 넓은 공간을 마련한 것이다. 벽돌 색
깔이 바위와 비슷해서 본래의 바위와 얼
른 구별되지 않을 만큼 자연스럽게 멋을
부렸다. 유물전시관 천정에는 아무런 꾸
밈이 없는 바위가 그대로 드러났다.

그래서 유물전시관 내부가 동굴의 벙
커처럼 다가왔다. 지난 1989년에 개관
한 유물전시관의 주인은 '마담 빠또'다.
이름만 보고는 얼핏 유물전시관 관장쯤
으로 생각할지도 모르지만, 그런 것은

지난 1989년에 개관한 아브리 빠또 유
물전시관 중앙에 자리한 '마담 빠또'.
브론즈 소상으로 제작한 이 여인상은
유적에서 출토된 인골을 근거로 만든
것이다.

아니다. 전시공간 한가운데 걸터앉은 브론즈 소상塑像 모델의 원형이 되었던 2만 년 전 인류인 호모 사피엔스 사피엔스 여인에게 부여한 애칭이다. 이 여인상은 아브리 빠또 유적 제2층인 프로트 막달레니안 문화층에서 나온 한 여인의 뼈를 근거로 복원한 것이다. 지금은 비록 유물전시관 한가운데 좋은 자리를 차지한 채 다소곳이 앉았지만, 슬픈 사연을 가슴에 품은 가여운 여인이기도 하다.

이 여인은 유적에서 나온 일곱 사람 몫의 사람뼈 가운데 하나로 출토되어 세상에 슬픈 사연이 알려졌다. 16살쯤에 죽은 것으로 추정되는 이 여인의 유골 오른쪽에는 여인 자신이 낳은 갓난아기의 뼈가 발굴되었다. 뼈를 발굴한 고고학자들이 그저 소녀에 지나지 않은 어린 여인을 굳이 마담으로 호칭한 것은 출산出産을 경험한 산모였기 때문이라고 한다. 고고학자들은 '마담 빠또'가 심한 이앓이에 시달렸던 흔적도 찾아냈다. 어금니를 비집고 나온 사랑니가 이앓이의 원인이 되었다는 이야기다. 사랑니가 돋아날 때 잇몸이 곪으면, 화농균化膿菌이 목을 거쳐 가슴으로 전이되어 죽음에 이를 수도 있다는 것이다.

과장된 여체 비너스 상

어떻든 이앓이에 시달리며 산고産故까지 겪었던 '마담 빠또'는 자신이 낳은 갓난이와 함께 유적에 묻혔다. 이들 모자의 시신은 머리와 몸뚱이가 분리된 채 매장되었다. 그러나 가지런하게 놓인 상태로 발굴되었다고 한다. 몸뚱이와 머리를 떼어 시신을 묻는 매장풍습埋葬風習은 선사유적에서 가끔 나타나는 현상이기도 하다. 그래서 아기를 키우지도 못하고, 숨을 거둔 불쌍한 '마담 빠또'의 유해는 일부러 장례를 치른 뒤에 묻은 것으로 보고 있다. 아브리 빠또 유적에서 멀지 않은 베제르 강 건너의 중기구석기시대 유적 라 페라시의 바위틈에서도 부모를 비롯 태아와 갓난아이 둘을 묻은 가족무덤이 발굴되었다. 이는 아브리 빠또보다 앞서는 중기구석기시대에 이미 시신을 일부러 묻는 매장이 제대로 이루어졌다는 사실을 보여주는 것이다.

아브리 빠또 유적 제3문화층에서는 석회암에 새긴 여인상 릴리프(浮彫)가 나왔다. 6cm 높이로 머리에서 발까지 전신을 새긴 2만 4000년 전쯤의 여인상이다. 커다랗게 부푼 배와 성기가 유난히 강조되었다. 이른바 비너스로 불리는 여

아브리 빠또 유적에서 출토된 부조 형식의 여인상인 비너스. 이 유적의 3문화층에서 나온 비너스는 2만 4000년 전에 만든 것으로 보인다.

인상 가운데 최초의 예술품은 막달레니안 문화로 대표되는 라 페라시 유적에서 처음 자태를 드러냈다. 3만 4000년 전쯤부터 3만 년 전까지 이어진 이 유적의 오리그네시안 문화층에서 처음으로 비너스가 보이기 시작했다는 것이다. 이어 품에 넣고 다니기가 쉬운 지닐예술품으로 발전한 비너스들은 2만 7000년 전쯤에는 여러 유적으로 확대되었는데, 이들 비너스가 전성기를 이룬 시대를 그라베티안 문화기라고 말한다

이들 여인상은 돌이나 상아에 새기거나, 부조형식을 빌려 입체적으로 새기는 수법으로 만들었다. 유럽에서 나온 여인상 비너스들은 로셀

에서 발굴한 '뿔을 든 비너스'처럼 거의가 과장되었다. 굉장히 뚱뚱하면서 가로로 펑퍼짐하게 퍼진 궁둥이가 그렇고, 가슴과 뱃살도 한껏 부풀렸다. 프랑스 브라쌍푸이 유적에서 나온 상아로 만든 날씬한 비너스 같은 여인도 더러 보인다. 그러나 과장되게 표현한 비너스가 훨씬 더 많다. 이는 종족을 퍼뜨리기 위한 다산多産을 기원하는 의식과 맞물렸다는 것이다.

선량한 학자 롤랑 레스쁠레

아브리 빠또에서 나온 비너스를 소장한 유물전시관은 지금까지 유적에서 출토된 모든 자료를 소장하고 있다. 유적 발굴현장을 돌아보고 나서 전시관 관람을 끝냈을 때, 초저녁은 벌써 기울었다. 그런데 아브리 빠또 유적 발굴책임자이자, 유물전시관장인 롤랑 레스쁠레는 늦은 밤 시간을 아랑곳없이 방문객 일행을 성심껏 안내했다. 우량아 모양으로 투실투실하게 생긴 롤랑 레스쁠레는 첫인상이 아주 선량해 보이는 고고학자였다. 더구나 '한·불 구석기문화 워크숍'에 온 충북대 중원문화연구소 조태섭·공수진 박사 부부와는 동문수학同門修學한 학우 사이어서 더욱 그랬을 것이다.

롤랑 레스쁠레는 조 박사 부부와 함께 1992년부터 1998년까지 아브리 빠또 유적을

우리 일행에게 아브리 빠또 유적을 설명하는 전시관장 롤랑 레스쁠레. 그는 자신이 사는 꽁다 슈르 베제르로 우리를 초대해 푸짐한 만찬을 베풀었다.

발굴한 인연을 가지고 있다. 발굴이 진행되는 계절에 따라 만난 것이 었지만, 이들은 모두 앙리 드 룸리 교수의 제자들이었다. 롤랑 레스쁠레는 조 박사와 같은 고동물학古動物學을 전공했고, 두 사람은 박사학위도 파리고인류연구소에서 받았다. 학위논문 주제는 아브리 빠또 유적 제3문화층에서 나온 동물화석 분석이었다고 한다. 그리고 공 박사는 아브리 빠또 유적 제2문화층에서 나온 돌감을 주제로 한 논문을 가지고, 파리 고인류연구소에서 학위를 받았다.

우리는 동굴에 유폐幽閉를 당하기나 한 것처럼 오랜 시간을 꼼짝없이 유적과 유물전시관에서 보냈다. 그러나 많은 것을 보고 들었다. 바깥으로 나왔을 때, 빗속의 레제지 드 다야크에는 여전히 짙은 어둠이 깔려 있었다. 마을이 비록 작기는 하지만, 가로등과 몇몇 레스토랑에서 새어 나온 불빛만으로는 거리를 환히 밝히기가 역부족이었다. 가로등이 희미한 마을을 빠져나와 롤랑 레스쁠레가 모는 차 꽁무니를 따라 붙었다. 제대로 분간이 가지는 않았지만, 어저께 저녁나절에 왔던 산길을 되곱쳐 달리는 듯했다.

푸아 그라를 맛보다

한참을 달린 차가 요란하게 흐르는 수로水路 옆 마당에 멈추었다. 고풍스러운 중세풍의 성당 건물을 일부러 밝히는 조명등 불빛이 밝기는 했으나, 조명등 뒤편 마당에는 그늘이 들어 퍽이나 어두웠다. 레제지 드 다야크로 가는 들머리인 꽁다 슈르 베제르라고 했다. 마을 가까이로 베제르 강이 흐르는 모양이다. 그러면 여기는 『북회귀선北回歸線』의 작가 헨리 무어가 말한 "꿈이 살아 사람들의 영혼을 살찌게 하는 도르도뉴 강" 상류 베제르 강 유역의 아름다운 마을일 것이다.

이 늦은 밤에 꽁다 슈르 베제르까지 달려온 까닭은 저녁을 먹기 위해서였다. 롤랑 레스쁠레가 초대한 레스토랑은 화랑이 달려 분위기가 아주 아늑했다. 도르도뉴 지역 음식경연대회서 입상했다는 주인이 적포도주에 익힌 쇠고기 요리 등 모두 9가지의 일품요리를 내놓았다. 더구나 거위 간으로 만든 그 유명한 도르도뉴의 푸아 그라도 맛을 본 것은 행운이었다. 억지로 많은 모이를 먹여 간을 붓게 한 뒤에 거위를 잡아 만든 요리가 푸아 그라라고 한다. 프랑스를 떠난 뒤 동물애호가들의 반대로 푸아 그라가 사라질 위기를 맞았다는 뉴스를 들었다. 롤랑 레스쁠레가 베푼 만찬에서 먹었던 푸아 그라가 마지막일 것이라는 생각이 든다.

·· 10
敗戰國 프랑스의 自尊을 세운 크로마뇽

명성에 비해 초라한 유적

겨울비가 그칠 기미를 좀체도 보이지 않는다. 멀리 멕시코 만에서 대서양을 건너온 난류 때문인가. 빗 밑이 너무 무거웠나 보다. 그러나 레제지 드 다야크의 기온은 푸근했다. 아니 레제지 뿐 아니라, 도르도뉴를 포함한 프랑스 서남부 날씨가 다 그럴 것이다. 프랑스에 와서 내내 그랬던 것처럼 레제지에서도 아침을 서둘러 마쳤다.

우리가 묵은 호텔은 레제지 마을을 관통하는 외줄기 길 맨 끄트머리에 자리했다. 길 하나를 건너 비탈을 올라가면, 아브리 빠또다. 오늘은 아브리 빠또에서 남쪽으로 좀 비켜 앉은 크로마뇽 바위그늘을 먼저 찾을 참이다. 레제지에서 베제르 강 다리를 향해 왼쪽으로 막 굽어지는 큰길 오른쪽에 크로마뇽 바위그늘 유적이 있다. 호텔에서 멀지 않은 지척이었다.

큰길가 두 건물 사이의 공터를 지나자, 이내 크로마뇽 유적이 다가왔다. 쏟아지는 비를 피할 만큼 바위그늘이 깊었다. 유적을 안내하는 거창한 표지판도 없고, 보호시설이라야 그저 야트막한 담에 키가 크지 않은 철제 펜스를 세웠을 뿐이었다. 지난 19세기 말엽 프랑스 사람들의 자존심自尊心을 지켜 준 유적이었다는 사실을 상기하면, 주변이 너무 초라하다는 느낌마저 들었다.

크로마뇽 바위그늘 유적이 프랑스 사람들의 자존심을 높인 이유는 이렇다. 유적에서 나온 머리뼈가 호모 사피엔스 사피엔스로 가까이 다가간 인류의 것으로 밝혀졌을 때, 프랑스 국민들은 독일보다 문화적으로 우월한 조상을 두었다는 자부심을 느꼈다는 것이다. 당시 프로이센(프러시아)과의 전쟁(1870~1871)에서 사실상 독일에 진 프랑스는 패전국이었다. 더구나 프랑스는 자국의 땅인 알사스와 로렌 지방을 떼어주고, 전쟁배상금戰爭賠償金까지 물어야 했다. 알사스와 로렌지방 사람들은 프랑스 말도 빼앗기는 뼈아픈 시대 상황을 맞았다. 이를 묘사한 알폰소 도데(1840~1877)의 작품 『마지막 수업』에는 당시 프랑스의 슬픔이 짙게 묻어난다.

프랑스를 고무시킨 바위그늘 유적

크로마뇽 유적에서 나온 사람의 머리뼈가 오늘을 사는 현대인들과 버금가게 진화한 호모 사피엔스로 밝혀졌다는 소식은 프랑스 국민들을 한껏 고무시키기에 충분했다. 왜냐하면 독일에서는 문화적으로 미개하고, 유인원類人猿티를 다 벗어 던지지 못한 네안데르탈 사람의 뼈를 발굴한 것이 고작이었기 때문이었다. 네안데르탈 사람의 머리뼈는 1856년 8월 독일 뒤셀도르프 이웃 네안데르 계곡에서 대리석을 캐던 눈썰미 좋은 광부들이 찾아냈다. 높이 20m에 이르는 깎아지른 듯한 절벽 동굴에서 발견되었는데, 뒷날 이 동굴에서는 네안데르탈의 정수리뼈와 더불어 넓적다리와 엉치등골뼈 등의 인골이 추가로 나왔다.

그러나 네안데르탈 사람의 위치가 학문적으로 자리 잡기 까지는 오랜 시간이 걸렸다. 네안데르 계곡에서 뼈가 나왔기 때문에 네안데르탈 사람으로 불린 이 호칭은 호모 사피엔스 사피엔스가 등장하기 이전의 모든 호모 사피엔스에게 통용되었다. 독일 네안데르 계곡 말고도 1866년에는 벨기에 라뇰레트에서도 네안데르탈 사람뼈가 출토되었다. 그리고 네안데르탈이나 라뇰레트보다 훨씬 앞선 1848년 지브롤터의 포보스 퀴리 유적에서도 네안데르탈 사람의 머리뼈가 출토되었지만, 중요성을 미처 알지 못한 시대였다. 네안데르탈 사람의 해부학적 특성은 23만 년 전에 쯤에 나타났다는 것이 고고학자들의 견해다. 이어 7만 년 전쯤에는 유럽 대륙에 널리 퍼졌다는 것이다.

레제지 드 다야크 끄트머리에 자리한 크로마뇽 바위그늘 유적. 프랑스의 자존심을 세운 이 유적은 명성에 비해 초라했다.

오늘날 네안데르탈 사람의 학명을 호모 사피엔스 네안데르탈시스 쪽으로 기울고 있다. 이는 제한된 지역에서 네안데르탈 사람뼈가 집중적으로 출토된 데서 비롯한 학명이다. 그런데 네안데르탈 사람을 얕잡아 보았던 프랑스에서도 뒷날 그들의 뼈가 출토되었다. 그것도 크로마뇽 바위그늘 유적에서 그리 멀지 않은 같은 남서 프랑스의 쌩 세제르와 라 페라씨 유적에서 네안데르탈 사람뼈가 나왔던 것이다. 크로마뇽 사람 뼈가 나온 지 꼭 113년이 되는 1981년 쌩 세제르 유적에서 네안데르탈 사람뼈가 출토되었다는 것은 참으로 아이러니한 일이었다. 구석기인 들은 거의가 떠돌이 방랑자였다. 그런 사실을 까맣게 몰랐던 당시 대다수의 프랑스 국민들은 네안데르탈이라는 호모 사피엔스가 독일에만 살았었다는 착각에 사로잡혔던 것이다.

네안데르탈 자취를 감추다

남서 프랑스 세제르 유적 출토유물은 네안데르탈 사람들이 3만 년 전까지 살았다는 사실을 증거하고 있다. 그런데 이들은 3만 5000년을 전후로 선사先史의 무대에서 아주 사라지고 말았다. 네안데르탈 사람들이 사라진 이유는 뒤에 들어온 호모 사피엔스 사피엔스에게 몰살되었거나, 서로 살기 위한 경쟁에서 밀려 자연스럽게 도태淘汰되었을 것으로 추정하고 있다. 그러나 몰살된 흔적은 전혀 보이지 않기 때문에 네안데르탈 사람들이 살았을 마지막 1000~2000년간의 시기를 주목했다. 이 시기는 아마도 보다 진화한 현대인의 유전자遺傳子를 지닌 호모 사피엔스 사피엔스와의 이종교배異種交配에서 네안데르탈 사람들이 밀려 결국 동화同化한 것으로 보아도 좋을 것이다.

어떻든 프랑스 사람들에게 한때 자존을 부추긴 레제지의 크로마뇽 바위그늘에서는 1868년 다섯 사람 몫의 호모 사피엔스 사피엔스의 뼈가 출토되었다. 이는 독일 네안데르 계곡에서 광부들이 사람뼈를 발견한 것처럼 레제지로 지나가는 철도부설 현장 근로자들이 찾아냈던 것이다. 철도부설에 들어갈 돌과 흙을 파는 작업을 하다가 크로마뇽 바위그늘에서 머리뼈를 비롯한 사람뼈를 발견하기에 이른다. 그런데 머리뼈가 근로자들이 무심코 내리찍은 곡괭이에 찍혀 구멍이 나고 말았다. 구멍이 뚫린 머리뼈를 포함한 크로마뇽 바위그늘 출토유물들은 지금 프랑스 국립선사박물관과 뮤제 쌩 제르망이 나누어 소장하고 있다.

크로마뇽 바위그늘의 사람뼈는 발견한 지 6년이 되는 1874년 해부학적으로 현대인의 특징을 지닌 인류의 것으로 결론이 났다. 그래서 크로마뇽 바위그늘 이름을 딴 '크로마뇽 사람'이라는 새로운 인류의 하나가 세계고고학사世界考古學史 속에 자리를 잡았던 것이다. 크로마뇽 사람에 줄곧 매달린 학자는 루이 라르테다. 고생물학자였던 에두아르 라르테의 아들인 그는 유적을 발견할 당시 사람뼈가 놓인 위치와 유물의 배치상태를 근거로 당시 크로마뇽 사람들은 시신을 일부러 묻어 매장하는 풍습이 있었다고 확신했다. 그의 주장은 한때 반대에 부딪히기도 했지만, 지금은 정설定說이 되었다.

양복을 입은 크로마뇽인

그러면 크로마뇽 사람들은 호모 사피엔스인가, 아니면 호모 사피엔스 사피엔스로 보아야 하는가. 아직까지는 호모 사피엔스 쪽에 무게가 더 많이 실려있다. 그러나 3만 년 전쯤 유럽에 등장한 크로마뇽 사람들을 여러 각도에서 새롭게 보는 시각도 없지 않다. 오늘날의 현대인처럼 완벽하지는 않을지라도 호모 사피엔스 사피엔스에 가깝게 다가갔다는 것이다. '인류의 기원'을 쓴 프랑스 고고학자 에르베르 토마의 이런 말을 재음미하는 것도 흥미로울 수 있다. "그들 크로마뇽 사람이 만약 양복을 입고, 런던 거리를 걷는다 해도 눈치채는 이가 아무도 없을 것이다"라는 말을 ….

••11
불멸의 인류문화유산 퐁 드 곰 동굴의 원시미술

석회암 바위굴의 선사미술관

아름다운 베제르 강이 흐르는 레제지 드 다야크 마을과 그 이웃을 개미가 쳇바퀴를 도는 것처럼 맴돌았다. 아주 오랫동안 레제지에 머물렀다는 착각이 들 정도였다. 그러나 실은 어저께 저녁나절에 와서 캡 브랑과 아브리 빠또 유적을 돌아보고, 오늘 아침에야 겨우 크로마뇽 유적 한 군데를 들렀을 뿐이다. 꼬박 하루가 채 되지 않은 여정을 너무 장황하게 늘어놓았는지도 모른다.

어떻든 지금까지는 레제지의 바위그늘 유적만을 찾았지만, 이제는 다른 석회암 동굴유적을 답사할 차례가 되었다. 그것도 동굴 속의 선사미술관先史美術館 같은 유적이다. 바로 세계의 고고학자들이나 미술사가들이 주목한 퐁 드 곰 동굴유적이었다. 몽띠악으로 가는 길에서 오

세계적으로 유명한 퐁 드 곰 동굴유적. 멋을 부리지 않고 지은 창고 모양의 유적관리소 뒤의 바위벼랑에 자리 잡은 이 유적은 동굴 속의 선사미술관이었다(황기훈 그림).

른쪽으로 갈라진 길을 접어들면, 곧바로 퐁 드 곰이다. 멋을 부리지 않고 지은 창고 모양의 유적관리소 뒤뜰에서부터 산을 올라야 했다.

세계적으로 유명한 인류 불멸의 문화유산 퐁 드 곰 동굴유적은 석회암 벼랑에 있다. 입구에서 사람들을 모은 안내원이 5~6명씩을 갈라 그룹을 만들었다. 우리 안내원은 키가 자그마하고, 검은 머리를 한 아담한 여인이었다. 생김새가 퍽 똘똘해 보이는 여인이었는데, 그룹을 조용하게 굴속으로 끌어들였다. 동굴의 그림들이 다 그렇듯 입구에서 한참을 들어가서 벽화를 만났다.

그야말로 어둡고도 긴 터널인 퐁 드 곰 동굴의 길이는 120m나 되었다. 다만 인공으로 뚫지는 않았으나, 거기에 새긴 그림에는 인간의 예리한 눈썰미와 천부적 재능이 분명히 깃들었다. 태고의 자연과 인간이 창조한 예술이 한데 어우러진 신비스러운 공간은 차라리 외경畏敬 그것이었다. 어저께 밤에 본 캡 브랑 바위그늘 유적의 릴리프와는 사뭇 달랐다. 회화의 기본을 살려 입체적으로 표현한 퐁 드 곰의 동물들은 가히 역동적이었다.

리얼하게 포착한 들소 그림

동굴에서 가장 큰 비중을 차지하는 그림의 주제는 들소다. 들소는 비록 육중한 몸집을 했지만, 날렵해 보인다. 동물을 너무도 자연스럽게 표현하면서, 순간의 동작을 리얼하게 포착했기 때문일 것이다. 그런 리얼리티의 본질은 바로 뛰어난 솜씨의 데생에 있다. 앞으로 굽다가 위로 삐죽하게 올라간 흰 뿔, 조금은 빈약한 엉덩이를 거들 요량으로 한껏 힘을 실은 꼬리, 수소를 상징하는 실한 성기, 전면에 초점을 맞춘 커다란 눈 등에서는 박진감이 넘친다. 그리고 금방 땅을 박차고 뛸 듯한 뒷다리에다 포즈를 맞춘 들소는 베제르 강 유역의 다른 동물들을 앞도 했을 것이다.

동굴 속의 그림 가운데는 말과 순록도 보인다. 석회암 동굴의 자연을 교묘하게 응용한 말 그림도 걸작이다. 말을 입체적으로 표현하기 위해 동굴의 종유석을 몸뚱이의 한 부분으로 자연스럽게 끌어들였다. 그래서 세로로 주름이 잡힌 종유석이 마치 염전하게 빗질을 한 말털처럼 함

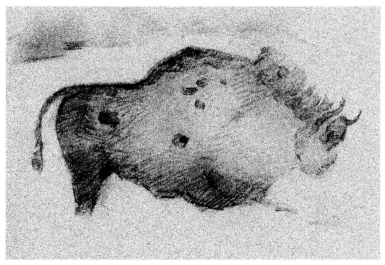

퐁 드 곰 동굴의 들소 그림을 스케치로 표현한 그림. 태고의 자연과 인류가 어울려 창조한 이 그림은 들소가 살아 움직이는 것처럼 보였다(황기훈 그림).

함했다. 또 뿔이 위로 멋지게 굽은 순록과 가지를 친 빈약한 뿔을 가진 다른 순록이 서로 머리를 맞대었다. 그러나 싸움질을 할 기색은 조금도 없다. 사랑을 할 참인가⋯. 그럴지도 모를 일이다. 그림을 그린 사람들은 짐승들이 어서 사랑하고, 또 새끼를 푸짐하게 쳐서 그저 한 마리라도 더 많이만 잡혀주기를 기원했을 터이다.

이들 짐승은 산화철酸化鐵 투성이의 붉은 흙 자토赭土를 써서 그렸다. 석간주石間砆라고도 말하는 이 물감은 주로 짐승의 몸둥이 전체를 그릴 때 사용했고, 짐승의 윤곽 안쪽은 실루엣 형식을 빌려 검은색으로 마무리했다. 짐승의 발굽도 검은색으로 처리되었다. 광물성 물감인 안료顏料는 전기구석기시대 유적인 남프랑스 니스의 떼라 아마따 유적에서도 출토되어 인류는 일찍부터 고운 색깔을 선호했던 모양이다.

동굴의 벽화를 그릴 때 사용한 물감은 바위를 갈아 가루를 낸 광물성 물감이다. 붉은색 자토는 산화제2철이고, 검은색 물감은 산화망간이다. 이는 프랑스의 저명한 화학자 앙리 무아쏭 교수의 연구결과인 데, 그는 선사시대의 물감을 처음 분석한 학자이기도 하다. 바위에서 긁어 낸 광물성 가루를 기름에 개어 그림을 그렸을 것으로 추정했다. 붓도 물론 사용했을 터이지만, 어떤 형태로 화구畵具를 만들었는지에 대한 확실한 증거는 없다.

오랫동안 잠재한 인류의 재능

그러나 살아서 움직이는 동물을 순간적으로 포착한 재주가 놀랍다. 오늘날 사진술寫眞術 스냅 샷에서 눈을 깜작하는 순간보다 더 빨리 피사체被寫體를 잡아낸 것처럼 동물을 실감 나게 묘사한 인류에게는 그런 재능이 일찍부터 잠재潛在해 왔다는 것이다. 이는 돌연모를 만드는 먼 옛날까지 거슬러 올라간다. 이를테면 전기구석기시대에 인류가 만든 주먹도끼는 거의가 한결같이 격지剝片라는 기본적인 돌감을 가볍게 손질한 흔적이 그런 잠재기능의 하나일 수가 있다. 그러니까 인류는 일찍부터 어떤 생김새를 머릿속에 담아 두었다가 이를 재현시킬 줄 아는 능력을 지녔다는 이야기다.

지금 보았던 동굴에는 벽화를 감상하는 데 별 불편이 없도록 은은한 조명시설을 갖추었다. 그리고 터빈을 돌려 굵은 파이프로 동굴 안의 공기를 순환시키는 기계장치도 마련되었다. 그 옛날 햇빛 한 점이 들어오지 않는 동굴에서 그림을 그리기가 퍽이나 어려웠을 것이다. 이를 해결하기 위해 동물 기름에 불을 붙여 등불로 사용한 흔적이 있다. 퐁 드 곰 동굴은 아니지만, 이웃 라스코 동굴에서는 돌을 다듬어 어여쁘게 만든 등잔이 발견되었다.

동굴에 그린 짐승에는 사냥감이 넉넉하게 번식하고, 또 여러 마리가 떼로 잡히기를 기원한 주술呪術의 뜻이 담겼다고 한다. 소박한 원시종교原始宗敎의 그림자가 어른거리는 이들 그림을 보노라면, 신비스러운 감흥마저 일어난다. 불꽃이 제대로 타기에는 모자라는 동굴 안의 산소 때문에 등잔불이 춤을 추듯 일렁이면, 벽에 그려놓은 짐승의 그림이 마치 살아서 꿈틀거리는 것처럼 보였을 것이다.

그림 중에 가장 숫자가 많은 들

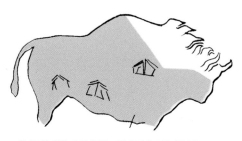

퐁 드 곰 동굴 속의 동물 그림에 덧대어 표시한 부호. 마치 지붕 모양을 한 이 부호를 들판에 지어놓은 초막으로 해석하는 이들도 있다(황기훈 그림).

소와 말을 주목할 필요가 있다. 이들 짐승은 먹거리를 해결하는 데 큰 비중을 차지한 경제수단으로 작용했다는 사실을 의미하는 것이 아닐까. 동굴에 그린 일련의 부호符號 가운데는 마치 지붕 모양을 한 덮개 같은 것이 보인다. 들소 그림에 포개어 그린 이 부호를 들판에 지어놓은 초막草幕으로 해석하는 이들도 있다. 어떻든 퐁 드 곰 동굴에 그림을 그렸을 무렵은 대개 막달레니안 문화가 무르익기 시작한 약 1만 6000년 전쯤이고, 이보다 이른 시기의 몇몇 그림은 2만 1000년 전쯤 솔뤼트레안 문화에 속하는 것이다.

동굴에서 속삭인 프랑스 여인

퐁 드 곰 동굴은 20세기가 막 시작된 1901년 세상에 알려졌다. 드니 뻬이 로니라는 사람이 동굴 속의 그림이 아주 오래되었다는 사실을 맨 먼저 알아차렸다. 그는 퐁 드 곰 동굴을 발견하기 바로 사흘 전에 레 꽁바렐에서 석회암 바위에 새긴 그림을 찾아낸 장본인이기도 했다. 이에 앞서 1895년 같은 남서 프랑스 도르도뉴 지방 라 무뜨에서 구석기시대 그림이 처음으로 발견되었다. 그러고 보면, 도르도뉴 지방이 구석기문화의 메카로 자리잡은 까닭을 알만도 하다.

세 가닥의 가지굴을 거느린 퐁 드 곰 동굴을 다 돌아보고, 바깥으로 나왔을 때도 여전히 비는 내리고 있었다. 동굴벽에 에코 한 자락을 깔지도 않고, 속삭이듯 유적을 설명했던 프랑스 여인의 조신한 말소리가 아직도 달콤한 여운으로 남는다. 유적 들머리에서 멀리 보이는 안개가 휘감긴 석회암 바위산과 들소떼가 겅중거렸을 베제르 강 유역의 레제지 드 다야크 풍광이 유독 아름다웠던 것도 그 때문이었을 것이다.

‥12
로저리 대절벽과 그 이웃의 후기구석기 유적들

후기구석기의 메카 도르도뉴

옛날 구석기시대 사람들이 가장 편안하게 여겼던 삶의 보금자리 주거공간住居空間은 동굴이다. 그들이 살았던 동굴은 세월이 흐르는 동안 천정에서 떨어진 낙반석落盤石과 세찬 바람에 쓸려 온 흙이 켜켜로 쌓였다. 그래서 당시 사람들이 활동했던 삶의 흔적은 퇴적물 아래 묻히게 되었다. 그런데 잘 들여다보면, 동굴이라기보다 툭 튀어나온 바위 아

로저리 대절벽으로 가는 베제르 강의 무지개다리 홍교가 왼쪽으로 보인다. 겨울비에 강물이 넘칠 듯 도도한 풍광을 연출했다.

래 자리한 공간들이 대부분이다. 이른바 바위그늘이라고 하는 이들 유적이 세계적으로 가장 많이 밀집한 지역이 남서 프랑스의 도르도뉴 계곡이다.

이 계곡은 베제르 강을 비롯한 비교적 큰 두 갈래 강이 모여 넓은 물길을 이룬 강가의 석회암 벼랑으로 이루어졌다. 도르도뉴 강은 하류로 내려가면서 평원을 만나고, 이내 지롱드 강을 거쳐 대서양으로 흘러들어 간다. 강이 지나가는 계곡 양쪽 석회암 벼랑 아래로 촘촘한 동굴과 바위그늘 유적들은 깊은 물길을 굽어보고 있다. 인과人科의 동물인 사람을 비롯한 살아 움직이는 모든 짐승이 한눈에 내려다보이는 이들 벼랑의 보금자리는 훌륭한 망대望臺이자, 요새要塞였던 것이다.

지금까지 원님 행차의 망아지처럼 따라다닌 여행길은 베제르 강이 S자로 꼬부라지는 위쪽 언저리였다. 그러니까 이쪽 차안此岸을 벗어나 이제부터 강 건너 저쪽 피안彼岸으로 가서 유적을 들러보기로 했다. 강을 건너는 다리는 우아하고, 고전적인 아치형 교량이다. 차안에서 피안으로 가는 길을 그럴듯하게 꾸몄다. 무지개다리 홍교虹橋가 베제르 강 다리였던 것이다. 그리도 비가 많이 내리더니만, 물길이 강폭을 뿌듯하게 채웠다. '봄물이 사방 연못에 가득하다(春水滿四澤)'는 말은 얼마만큼 이해되지만, 겨울비에 강물이 넘칠 듯 도도한 풍광을 보기는 처음이었다. 하기야 나무가 아직도 푸르르고 보면, 우리네 겨울과는 사뭇 달랐다.

무지개다리를 건너 로저리로

강을 건너가서 대강 남쪽으로 조금 달렸다. 그리고 물이 넘칠 것처럼 뿌듯하게 흐르는 베제르 강가에서 차를 멈추었다. 차가 지나온 길 건너로 깎아지른 듯한 석회암 바위벼랑이 올려다보인다. 사진으로 더러 보았던 대절벽이다. 로저리 바위벼랑은 베제르 강 상류 쪽의 로저리 오뜨와 하류 쪽으로 약간 비킨 로저리 바쓰로 구분되는 후기구석기시대의 대표적 유적이다. 같은 바위벼랑에 바싹 가까이 자리한 이들 두 바위그늘은 별개의 유적이었다.

유럽의 후기구석기는 지나간 어느 시대보다 변화의 기미가 가장 뚜렷하게 나타난 시기였다. 잇달아 변화를 추구한 후기구석기시대의 문화는 지나간 무스테리안 문화기에 비해 비교가 안될 만큼 빠른 속도로 진화했다. 그런 의미에서 로저리 오뜨와 로

오른쪽으로 로저리 대절벽이 보이는 레제지. 계곡에는 로저리와 마들렌느 등의 후기구석기시대 유적이 촘촘하게 자리했다.

저리 바쓰는 레제지 강 대안對岸의 라 페라시와 마들렌느 유적과 함께 중요한 자리를 차지하기에 이른다.

로저리 오뜨에 맨 먼저 인류가 들어온 시기를 멀리 잡으면, 2만 3000여 년 전까지 올라간다. 그러나 마지막 문화는 1만 5000년 전쯤에 절정에 다달아, 아주 정교한 골각기骨角器로 특징지을 수 있는 유물을 남겼다. 이들 유물은 로저리 오뜨에서 가까운 라 마들렌느 유적을 따라 이름을 지은 막달레니안 문화 속에 들어간다. 돌날연모가 전문화되어

뼈로 작살을 만들었고, 심지어는 창을 보다 빠르게 멀리 던질 수 있는 투창기投槍器까지 고안해 냈다. 이 투창기는 실제 사냥에 사용했다. 미늘이 달린 작살을 만들어 지난날 민짜작살을 기능적으로 보완하는 재주를 부렸다. 그리고 골각기의 한 군데를 아예 짐승 모양으로 만들거나, 짐승 그림을 새겨 넣었다.

뼈연모에 새긴 동물 그림들

그런데 예사롭지 않은 짐승들까지 장식용 무늬로 등장한다는 것이다. 한 마리가 넘는 말이 나오고, 때로는 이야깃거리가 들어간 신화神話요소까지도 내포시켰다는 것이 고고학자들의 주장이다. 이는 이야기를 꾸며내고, 또 이야기가 입소문을 거쳐 널리 퍼졌다는 것을 증거하는 유물로 보고 있다. 그렇듯 높은 지능을 지닌 인류로 진화한 막달레니안 사람들은 굵은 뿔 한쪽에 구멍을 뚫고, 말 그림을 오목새김으로 그려 넣은 지휘봉 같은 물건도 만들었다. 이 유물은 로저리 오프 이웃의 라 마들렌느 유적에서 출토되었다.

로저리 오프 유적은 자그마치 30여 켜에 이르는 문화층을 가지고 있다. 먼저 층위가 이루어진 1만 9000년 전쯤의 프로트 막달레니안 문화층에서는 솔뤼트레안 문화기에 속하는 월계수月桂樹 이파리 모양

라 마들렌느 유적에서 나온 뼈 공예품. 구멍이 뚫린 사슴뼈에다 말 그림을 새긴 이 예술품에는 이야깃거리가 들어갔다고 한다.

의 찌르개와 슴베찌르개 등의 돌연모가
나왔다. 그리고 정교한 골각기를 만들 무
렵의 막달레니안 문화층에서는 앵무새
부리를 닮은 새기개 뷰랭 따위의 조각연
모가 출토되었다. 이들 돌연모는 골각기
를 만드는데 한 몫을 단단히 거들었을 것
이다.

레제지 강 유역에 살던 후기구석기시
대 사람들이 만든 월계 이파리 모양의
이 돌연모는 자르개였다.

　로저리 이웃 라 페라시에서는 최초의
구석기시대 예술품 가운데 일부가 2만여
전쯤의 오리그네시안 문화층에서 나왔
다. 오리그네시안 문화기의 예술품으로는 여성의 성기와 동물 그림 등
이 있다. 그런데 로저리 바쓰 유적에서도 1만 6000여 년 전쯤의 예술
품이 출토되었다. 1864년 귀족 출신의 고고학자 비부레이에가 발굴한
이 예술품은 여인의 몸뚱이를 조각으로 표현한 것이다.

　구석기시대 예술품에서 여체는 대개 비너스라는 이름을 붙여 아름다
움을 찬탄하고 있다. 그래서 얼핏 그리스의 조각 '밀로의 비너스'를 연
상하게 마련이다. 그러나 비부레이에 공작公爵은 로저리 바쓰에서 나온
8.2cm짜리 여인상 나체를 지독하게 폄훼貶毁했다. 고상스러운 비너스
와는 사뭇 대비되는 '부도덕한 비너스'라는 말로 깎아내렸던 것이다. 목
이 잘린 채 나온 1만 6000년 전쯤의 이 조각품은 상아로 만들었다.

부도덕한 비너스상

　그렇듯 부도덕한 여인이었을까. 이 물음에 똑 떨어지는 대답을 하기

로저리 바쓰 유적에서 출토된 이 상아 예술품에는 부도덕한 비너스라는 이름이 붙었다. 여성의 육체를 찬탄한 다른 예술품과는 달리 여체를 지독하게 폄훼한 사람은 비부레이에 공작이었다고 한다.

는 어렵다. 초기의 인류사회가 성적으로 난잡亂雜했다는 이론이 없는 것은 아니다. 또 여자를 빼앗아 살았다는 약탈혼掠奪婚 이론도 있다. 그러나 남녀가 서로 일을 나누어 하는 노동분업勞動分業의 경제적 잇점 때문에 일부일처제一夫一妻制에 무게를 더 싣기도 한다. 이 문제에 모범적인 정답이 없고 보면, '부도덕한 비너스'라는 표현은 그저 말쟁이의 말 정도로 덮어두는 것이 좋겠다.

백색의 석회암 대절벽으로 이루어진 베제르 강 계곡은 후기구석기문화의 발달순서가 한눈에 들어오는 고고학의 계보가 엿보인다. 그래서 이 지역이 학계에 알려지기 시작한 19세기 말엽에는 공부 꽤나 한 도굴꾼들이 들끓었던 모양이다. 그 대표적인 케이스가 독일인 학자 하우스만이었다고 한다. 그는 기다란 줄이 달린 동그란 금테 안경에 썬헬멧을 쓴 영락없는 고고학자 풍의 신사로 보였을 것이다. 그러나 로저리 바위그늘 유적 여기저기를 파서 많은 유물을 챙겼다. 그리고 값나가는 유물들을 미국 등지에 팔아 지금까지 프랑스에서는 '배운 도굴꾼'으로 회자되고 있다.

••13
프랑스 국립선사유물관서 만난 프랑스 구석기문화

아직도 아름다운 베제르 강

오늘 들른 로저리 오뜨와 로저리 바쓰는 윗마을과 아랫마을 같은 이름이라고 한다. 베제르 강 물줄기를 놓고 볼 때 상류 쪽이 로저리 오뜨고, 하류 쪽이 로저리 바쓰다. 그렇다고 거리가 먼 것도 아니고, 거기서 거기 사이 지척에 자리했다.

점심은 로저리 바쓰에서 들기로 했다. 음식점 이름도 '레스토랑 드 로저리 바쓰'다. 시골 레스토랑 답지 않게 이름값을 하느라 사람들이 꽤나 붐볐다. 프랑스 남서부에서 맛나는 요리의 하나로 꼽는 투랭 보르들레를 이 레스토랑에서 처음 맛보았다. 음식을 먹는 동안 송아지만 한 검둥개 한 마리가 식탁 밑을 휘젓고 다녔다. 그러나 누구 하나 개를 나무라는 사람이 없다. 브리지도 바르도 같은 동물애호가가 프랑스 태생인 것도 우연이 아닌 듯하다.

로저리 바쓰 절벽 아래로 유유히 흐르는 베제르 강과 그 하류의 도르도뉴 강은 프랑스 남서부의 동맥처럼 중요한 교통로였다. 이 지역 특산물인 포도주나 목재를 실은 배들이 대서양 연안의 항구 보르도까지 내려갔다. 그리고 강을 거슬러 올라올 때는 소금과 설탕, 생선 등을 싣고 왔기 때문에 강은 늘 활기가 넘쳤다는 것이다. 그러나 지난 19세기의 철도부설은 도르도뉴 계곡의 낭만을 앗아가 버렸다. 배가 강심江心의 물살을 가르고 두둥실 떠가는 여유로운 풍광을 더는 볼 수 없게 되었다.

　그래도 이 강은 아직 굽이마다 아름다운 절경을 끌어안았다. 오늘 들른 로저리 오뜨와 로저리 바쓰 또한 도르도뉴 상류지역에서 빼놓을 수 없는 절경이다. 강 건너를 굽어보았을 때, 깊은 강물과 숲이 우거진 또 다른 풍광이 시야로 들어왔다. 책에서만 보았던 로저리 대절벽 풍광 속에 묻혔다는 사실이 못내 즐거웠다. 그리고 절벽 아래 바싹 달라붙은 레스토랑에서 포도주와 함께 맛난 음식을 들면서 아름다운 풍광에 흠뻑 젖었다.

상징 조형물 크로마뇽 사람

　로저리의 추억 만들기는 그렇게 끝났다. 점심을 들고 바로 강을 건너 레제지 드 다야크로 다시 돌아왔다. 국립선사유물전시관을 보기 위해 미리 약속을 해두었기 때문에 곧장 전시관을 찾았다. 큰길에서 아주 가까웠다. 도르도뉴 일대 여러 유적에서 발굴한 출토유물을 거의 소장한 전시관이다. 세계적인 구석기시대 표준유적이 남서부 프랑스에 밀

도르도뉴 강 일대의 여러 유적에서 발굴한 유물을 거의 다 소장한 아브리 빠또 바위벼랑 아래 자리한 프랑스 국립선사유물전시관. 바위벼랑 중턱쯤에는 크로마뇽 사람을 이미지화한 조형물을 세워놓았다.

집되었다는 사실을 돌아보면, 이 전시관은 대단히 중요한 선사문화 전시공간인 것이다.

국립선사유물전시관 들머리는 길과 같은 높이에서 시작되었다. 그러나 로비를 지나 동선動線을 따라 올라가면, 산 중턱 바위벼랑으로 이어졌다. 벼랑 아래다는 크로마뇽 사람을 이미 지화한 상징적 조형물을 세워놓았다. 레제지 드 야크 마을로 들어서면, 석회암 바위벼랑과 함

국립선사유물전시관 바위벼랑 눈썹바위에 세워놓은 상징조형물인 크로마뇽 사람. 레제지 드 다야크로 들어서면, 맨 먼저 눈에 들어온다.

께 맨 먼저 눈에 들어오는 것이 이 크로마뇽 조형물이다. 여기서 내려다본 베제르 강 유역의 풍경은 또 새로웠다. 레제지 마을 뒤로 강이 흐르고, 그 건너로 밀밭처럼 보이는 개활지가 펼쳐졌다. 가히 목가적인 풍경이었다.

이 전시관 소장유물은 전기구석기시대까지를 망라하고 있다. 도르도뉴 계곡의 유적들이 거의 후기구석기시대에 속하지만, 꽁브 그르날과 뻬슈 드 라제 유적은 사정이 다르다. 이들 두 유적은 전기구석기시대에서 중기구석기시대 경계까지 다가서 있다. 아슐리안 문화에 들어가는 돌도끼들이 출토되었다. 이들 돌도끼는 12만 5000년 전으로 거슬러 올라가는 전기구석기시대 유물로 밝혀졌다.

비제르 강변의 로저리 바쓰에서 나온 말머리 예술품. 프랑스 국립선사유물전시관이 소장한 이 예술품은 순록의 뼈에 새긴 것이다.

후기구석기 예술의 보고

그렇듯 전기구석기시대 유물까지 아우른 국립선사유물전시관의 소장품은 다양한 것이었다. 무스테리안 문화의 표준유적도 레제지 드 다야크 이웃에 자리했기 때문에 중기구석기시대 유물도 만만찮게 소장했다. 그리고 후기구석기문화의 요람이나 마찬가지였던 도르도뉴 계곡에서 나온 온갖 유물을 소장한 터라, 국립선사유물전시관은 구석기문화의 보물창고 그것이었다.

국립선사유물전시관의 가장 큰 자랑은 후기구석기시대의 예술품이다. 돌연모도 많이 소장했지만, 석회암 돌판에 새긴 소묘素描 성격의 미술품이나 심미안審美眼을 가지고 만든 치레걸이 따위의 공예품이 차지하는 비중이 크다. 이를테면 도르도뉴 강과 베제르 강이 합류하는 계곡에 자리한 막달레니안 문화기의 유적 리뫼이유에서 나온 순록을 새긴 돌판이 그것이다. 순록의 뼈에 말머리를 새긴 로저리 바쓰 출토품도 소장되었다.

유물을 제대로 다 보자면, 아마 일생이 걸리지도 모른다. 그렇듯 방대한 유물을 삽시간에 돌아보고, 무슨 말을 더 하겠는가. 그만 접어 두어야겠다. 다시 들를 기회가 온다면, 적어도 몇 날은 머물면서 구경하고 싶은 마음 간절했다. 이만 한 유물을 언제 또다시 만날런가…, 기약이 없는 터라 더욱 아쉬웠다.

국립선사유물전시관 일부는 지금 증축 중이었다. 우리나라 돈으로 약 400억 원을 들여 로비와 2층 전시실을 새로 짓고 있었다. 공사를 마무리한 일부 코너에는 한국산 영상장비가 설치되었다. '삼성' 마크가 뚜렷한 영상장비가 반가웠다. 최첨단 시설을 갖추어 연내에 다시 개관할 예정이라고 했다. 문화유산 보호를 위한 프랑스의 문화정책이 여기서도 엿보인다. 문화유산에 대한 국민들의 올바른 인식이 곧 문화유산을 지키는 지름길이라는 사실을 박물관 운영에 반영한 것이다.

다산 애드 컴에 거는 기대

우리 일행 가운데는 국립선사유물전시관 현장을 유별나게 살핀 사람이 있다. 한·불 구석기문화 워크숍 팀과 함께 프랑스에 온 다산 에드 콤 이종태 대표다. 그는 내년 10월쯤에 개관할 충북 단양군 적성면 애곡리 '수양개 유적관' 전시시설 공사를 맡은 디자인 업체 대표이기도 하다. 단양 수양개는 동북아시아 일대에 분포한 구석기시대 한 시기의 특징적인 문화양상을 묶어놓은 독특한 유적으로 평가되었다. 그래서 사적으로 지정되었고, 이를 학술적으로 보존하기 위해 유적관을 짓기로 했던 것이다.

다산 애드 컴은 단양 수양개 유적관의 전시 관련 시설공사와 아울러 영상물 제작, 그래픽 판넬 제작, 디오라마를 비롯한 조형물 제작 등을 맡았다. 그래서 이번 프랑스 여행은 수양개 유적관 전시시설을 꾸미는 데 상당한 영감을 불어넣을 것으로 보인다. 다산 애드 컴 디자인 팀은 국립선사유물전시관 방문에 앞서 니스의 떼라 아마따 박물관과 또따벨 선사박물관, 또따벨 특별전시관을 이미 돌아보았다. 이번 프랑스 여행의 견문見聞이 아무쪼록 단양 수양개 유적관에 접목되어 한국구석기문화를 세계에 알리는 유수한 전시공간으로 태어나길 기대해 본다.

••14
후기구석기 무대 레제지와의 작별

물고기를 전공한 고고학자

레제지 드 다야크에 자리한 프랑스 국립선사유물전시관 관장실은 비좁았다. 전시관 규모나 명성에 비해 초라하다는 느낌마저 들었다. 손님 접대용 비품이라고는 사람 서넛이 겨우 둘러앉을 수 있는 라운드 테이블과 책걸상 같은 의자 몇 개가 고작이었다. 그래서 일행 중에 몇 사람이 들어갈 수밖에 다른 도리가 없었다. 청바지에 스웨터 하나를 달랑 걸친 장 자크 끌레이 메를르 관장을 만났다. 전시실에서 먼저 보았

프랑스 국립선사유물전시관장과 우리 일행의 기념촬영. 왼쪽부터 이융조 교수, 장 자크 끌레이 메를르 관장, 필자, 박선주 교수.

던 터라, 두 번째 만나는 셈이었다.

그는 구석기시대의 물고기를 연구한 학자였다. 솔직히 말해서 전공이 좀 생소했다. 그러나 구석기문화 메카답게 고고학 연구의 폭이 넓다는 사실이 실감되었다. 물고기 하면, 얼핏 단순하게 보인다. 하지만 물고기뼈에서 물고기잡이와 어구漁具, 물고기잡이 유적, 물고기를 주제로 한 예술품 등 연구영역이 만만치 않다. 이는 구석기시대 사람들의 경제활동과 연결되어 당시 사회상 연구로 확대될 수도 있다.

물고기를 잡기 위해 뼈로 만든 작살 따위의 정교한 어구는 후기구석기시대에 보편적으로 나타난다. 이를테면 굽은 순록의 뿔을 곧게 펴는 기술이 보급되면서, 실용적인 작살을 쓸모 있게 만들어 냈던 것이다. 심지어는 미늘이 달린 보다 진보한 뿔 작살이 출현했다. 막달레니안 문화가 한창 무르익었을 무렵인 1만 5000년 전쯤의 일이었다. 유유한 베제르 강을 코앞에 둔 로저리 바쓰 유적에서는 실제 고기잡이에 사용했을 것으로 보이는 미늘이 달린 뿔 작살이 출토되었다. 그리고 막달레니안 문화기에 만든 물고기 예술품들도 베제르 강을 포함한 도르도뉴 지방 후기구석기시대 유적에서 나오고 있다.

미늘이 달린 뿔 작살

후기구석기시대의 끄트머리를 흔히 중석기시대라고도 부른다. 지금으로부터 1만 년 전쯤을 앞뒤로 한 시기인데, 극성을 부렸던 홍적세의 추위가 얼마간 물러나기 시작한 이른바 후빙기였다. 이 무렵

도르도뉴 강 언저리에서 나온 후기구석기 유물에 새긴 물고기. 단양 수양개 유적에서도 이와 비슷한 유물이 출토되었다.

사람들은 뿔 작살 말고도 뼈 낚싯바늘을 만들어 물고기를 낚았다. 그런 증거는 나일강 유역 어로유적漁撈遺蹟에서도 보인다. 이 유적에 살았던 사람들은 농어와 메기를 먹거리로 잡았다고 한다. 자신들이 잡은 메기의 등뼈는 토기의 무늬가 되었다는 것이다. 이보다 앞서 100만 년 전에서 4만 년 전까지 이어진 중기구석기시대에 이미 물고기를 잡은 흔적이 나일강 유역 코르무사 유적에서 발견된 일이 있다.

　조개는 물고기와 더불어 어패류魚貝類를 이루는 수중 생물이다. 그래서 후기구석기시대 사람들은 조개를 건져 먹거리로 삼았고, 목걸이 따위의 치레걸이감으로도 썼다. 남서 프랑스의 내륙 도르도뉴 지방에서는 3만 5000년 전쯤에 나타난 크로마뇽 사람들이 먼저 조개로 치레걸이를 만들었다. 이어 후기구석기시대 유적에서도 바닷조개 껍데기가 출토되고 있다. 교역交易의 흔적으로 잘라서 말하기는 어렵지만, 대서양 연안으로부터 가지고 온 것은 틀림이 없다.

　한반도 중부 내륙지방인 충북 단양군 적성면 애곡리 수양개 후기구석기시대 유적을 발굴한 충북대 이융조 교수와 장 자크 끌레이 메를르 관장과 많은 이야기를 나누었다. 단양 수양개가 베제르 강을 포함한 도르도뉴 지방 대부분의 유적들처럼 후기구석기시대 유적이라는 점에서 서로 관심의 대상이 되었다. 모두가 강가의 유적이었다. 수양개에서도 물고기를 새긴 예술품이 출토되어 물고기를 전공한 장 자크 끌레리 메를르의 호기심을 부채질 했는지도 모른다.

　어떻든 장 자크 끌레이 메를르는 이융조 교수에게 국립선사유물전시관이 해마다 펴내는 구석기 고고학 전문잡지 '팔레오'에 실을 원고를 즉석에서 청탁했다. 그리고 새로 꾸미는 국립선사유물전시관 재개관 행사에 이용조 교수를 초청하겠다는 뜻을 밝혔다. 그는 에꼴 드 루브르 출신의 고고학자여서, 지금의 관장 직책은 적소적임適所適任의 안성맞춤 같은 자리일 것이다.

프랑스의 전문 엘리트 그룹

에꼴 드 루브르는 우리네 학제로 치면, 부여의 국립한국전통문화학교와 비교되는 특수목적의 전문교육기관이라고 한다. 국가가 전문이력을 키우기 위한 프랑스 특수교육기관의 역사는 절대왕정시대絶對王政時代인 1747년까지 거슬러 올라간다. 토목고등학교가 그 효시라 할 수 있다. 오늘날 프랑스는 인문, 과학기술, 상업 및 기업경영 비즈니스, 예술 등 사회 각 분야의 고등교육기관이 키워낸 전문 엘리트들이 국가의 균형발전을 이끌고 있다.

이제 짧은 겨울날이 곧 저물 모양이다. 그래서 서둘러 작별인사를 하고 국립선사유물전시관을 떠났다. 오늘 밤 안에 파리로 가는 길에 레제지 드 다야크 이웃 아브리 무스티에 유적도 들러야 했기 때문에 시간은 더욱 촉박했다. 혼자 욕심 같아서는 레제지 드 다야크에 며칠을 더 묵으면서 유적을 샅샅이 뒤지고 싶었지만, 파리 쪽에 잡힌 스케줄에 쫓겨 또 긴 여로를 달려야 했다.

담배 한 개비를 피워 물고 나서, 담배가 다 타기 전에 다다를 수 있는 거리의 아브리무스티에는 일찍 중기구석기문화의 표준유적이 되었다. 무스테리안 문화라고 말하는 까닭도 거기 있다. 몸돌에서 격지를 떼어 돌연모를 만드는 이른바 박편석기剝片石器가 무스테리안 문화의 대표적 유물이다. 아슐리안 문화를 상징하는 전기구석기시대의 주먹도끼 전통을 다 버리지 못한 미꼬끼안 돌도끼 같은 유물이 그것이다. 도르도뉴 강 상류 베제르 강 유역의 미꼬끼안 유적에서 나온 작고 뾰족한 돌도끼가 미꼬끼안 문화의 전형적 유물이라 할 수 있을 것이다.

무스테리안 돌연모 문화의 주체는 학문적인 용어 학명學名으로 호모 사피엔스 네안데르탈렌시스라 부르는 네안데르탈 사람들이다. 13만 5000년 전쯤에 나타나 3만 5000년 전쯤에 사라진 이들의 뼈는 대개 전형의 무스테리안 돌연모와 함께 나온다. 네안데르탈 사람들은 사람이 죽으면, 따로 묻어 장례를 치를 줄도 알았던 모양이다. 베제르 강 유역 라 페라씨 바위틈에서 발굴된 한 가족의 뼈에서 의도적인 장례풍습이 엿보인다. 부모를 비롯 태아와 갓난아이 둘을 포함한 여섯 아이가 함께 매장되었다.

무스티에를 향하여

레제지 드 다야크에 와서는 주로 후기구석기시대를 이야기했다. 그런데 갑자기 아브리 무쓰띠에를 찾아가면서, 중기구석기시대를 이러쿵저러쿵하는 것은 순서가 아닐 것이다. 맨 먼저 들른 남프랑스의 구석기시대 유적에 이어 서남 프랑스에 와서는 줄곧 후기구석기시대 유적을 들추어 보았다. 순서가 뒤죽박죽이 되었다. 여행 스케줄에 따라 유적답사기를 썼기 때문에 시대 순서가 뒤바뀌었다.

여행 스케줄을 무시하고, 답사한 유적들을 시대에 따라 다시 정리하면 이렇다. 남프랑스에서 돌

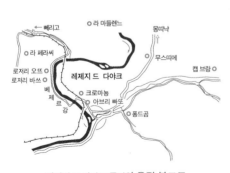

레제지 드 다야크 주변의 유적 분포도.

아본 발로네와 라자레, 떼라 아마따와 또따벨은 모두가 10만 년 전을 훌쩍 뛰어넘어 올라가는 까마득한 태고太古의 전기구석기시대 유적들이다. 그리고 지금 찾아가는 아브리 무스티에는 약 10만 년 전쯤에서 대강 4만 년 전까지 이어진 중기구석기시대 유적에 해당한다.

이에 앞서 레제지 드 다야크에서 돌아본 아브리 크로마뇽과 아브리 빠또, 로저리 오뜨와 로저리 바쓰, 라 마들렌느 등은 후기구석기시대 유적인 것이다. 4만 년 전을 앞뒤로 1만 년 전 내지 9000년 전까지의 후기구석기시대 유적에는 풍 드 곰 같은 동굴벽화도 들어있다. 주마간산走馬看山격으로 바쁘게 돌아간 여정이었지만, 참으로 많은 것을 구경했다.

•• 15
도르도뉴 강 유역의 무스테리안 문화 6만 년

레제지의 지척 무스티에 마을

레제지 드 다야크에서 무스티에는 지척이었다. 담배 한 개비를 태울 시간이면, 너끈하게 다다를 만큼 가까운 거리였다. 무스테리안이라는 중기구석기문화의 유래지由來地 무스티에는 라스코로 가는 길가의 작은 마을이었는 데, 인적조차 보이지 않았다. 두서너 가닥의 골목길이 갈라지는 마을 복판의 고목나무가 아주 큰 거수목巨樹木이어서 인상적이었다. 그 고목나무 가까이의 교회가 고색창연古色蒼然했다. 비가 내린 끝이라 그랬는가, 마을이 조강하기 보다는 좀 을씨년스러웠다.

무스테리안 문화의 표준유적인 무스티에 바위그늘 유적. 동물의 뼈와 돌연모 등이 나온 이 유적은 1860년에 발굴되었다.

그 유명한 무스티에 바위그늘은 무스티에 마을로 들어서면, 바로 오른쪽 산 밑에 있다. 녹색의 철책 속으로 바위그늘 유적이 보였다. 철책에는 유적 표시와 함께 유네스코 세계문화유산 마크가 걸렸다. 자물쇠가 굳게 잠겨 그냥 바깥을 서성대며 들여다본 바위그늘 유적은 지금의 지표면보다 깊었다. 유적 들머리에 지붕을 세워 그리지 않아도 어두운 바위그늘에 제대로 분간되지 않았다. 현장을 들어간다 해도 지금 유물이 있는 것도 아니다. 무스테리안 출토유물은 조금 전에 들렀던 레제지 드 다야크의 국립선사유물관에서 보았기 때문에 섭섭한 마음이 그리 크지는 않았다.

무스테리안 문화의 표준유적

무스티에 바위그늘 유적을 처음으로 찾아낸 이는 고고학자 라르데다.

유적은 1860년에 발굴되었다. 동물의 뼈와 돌연모 등의 유물이 나왔다. 무스테리안 문화라는 말은 바로 이 무스티에 유적에서 비롯한 것이다. 유럽에서는 12만 년 전쯤부터 3만 5000년 전까지의 유적에서 나오는 출토유물을 거의 무스테리안 이름을 붙이고 있다. 특히 베제르 강을 상류로 한 도르도뉴 강 유역이 남서부 프랑스에는 최후의 빙하기 초반에서 중반에 이르는 시기의 무스테리안 문화유적이 여러 군데에 퍼져있다.

　무스테리안 문화의 대표적 유물은 몸돌에서 떼어낸 돌조각 격지剝片를 잔손질해서 만든 돌연모다. 대개 쓰임새를 미리 머릿속에 그린 뒤에 만들어 낸 전문적인 돌연모로, 가장 흔한 것은 일정하게 날을 세운 긁개다. 이들 무스테리안 문화의 돌연모들은 네안데르탈 사람들이 뼈와 함께 출토되었다. 그래서 무스테리안 문화의 주체를 네안데르탈 사람들로 보는 결론을 내리기에 이른다.

　이 네안데르탈 사람들은 이른바 샤텔페로니안 인더스트리라는 돌연모를 만드는 것을 끝으로 약 3만 5000년 전쯤을 앞뒤로 해서 사라졌다. 대표적인 샤텔페로니안 유물은 주머니칼처럼 생긴 돌날연모다. 샤텔페로니안은 프랑스에서 말하는 전기前期 페리고디안 문화인데, 몇 군데의 유적이 프랑스에 있다. 지난 1981년에 발굴한 프랑스 남서부의 생세재르 유적에서는 아주 늦은 시기의 네안데르탈 사람의 뼈가 무스테리안 돌연모와 함께 출토되었다. 이 무스테리안 돌연모는 후기구석기 시대 이른 단계의 샤텔페로니안 문화와 관련이 있다고 한다. 그래서 네안데르탈 사람들의 마지막 손길이 엿보인다는 것이다.

　프랑스 남서부 도르도뉴 지방의 많은 유적은 거의가 19세기에 발굴되어 과학적인 정확성이 떨어진다는 비판을 받기도 했다. 무스테리안 유적 가운데 과학적 검증을 거친 발굴은 생 세제르와 함께 꽁브 그르날과 뻬슈 드 라제 등이다. 모두 64켜의 고고학 층위로 이루어진 꽁브그르날 유적의 중간 및 상층 그룹의 문화층에서는 무스테리안 문화기에 들어가는 돌연모들이 출토되었다. 이들 무스테리안 돌연모가 나오는 중기구석기시대 문화층 아래서는 전기구석기시대의 아슐리안 주먹도끼 따위의 돌연모들이 나왔다.

꽁브 그르날과 뻬슈 드 라제 유적

그리고 간빙기에 이루어진 것이 분명한 뻬슈 드 라제 유적 5층은 작은 돌연모를 특징으로 한 문화면으로 밝혀졌다. 작은 돌연모들이 나온 이 무스테리안 문화층 아래서는 꽁브 그르날처럼 전기구석기시대 유물이 출토되었다. 전기구석기문화층에서 나온 시료試料를 대상으로 한 방사성 탄소연대 측정에서 얻은 연대는 12만 년 전이다. 이는 12만 년 전에 전기구석기문화층이 이루어지고 나서, 그 위로 다시 퇴적층이 차곡차곡 쌓여 새로운 중기구석기문화층이 형성되었다는 사실을 보여주는 것이다.

꽁브 그르날 유적에서 나온 네안데르탈 사람뼈. 시신을 굽은 자세로 묻었던 이른바 굴장 흔적이 보인다.

꽁브 그르날과 뻬슈 드 라제 유적을 발굴한 고고학자는 보르도 대학의 프랑수아 보르도 교수다. 그의 발굴은 1950년대에 이어 1960년대까지 고고학 분야뿐 아니라 지질학적인 퇴적물과 꽃가루에 이어 고동물학 등 여러 인접학문 전문가들의 도움을 받아 이루어졌다. 발굴한 돌연모 모두를 우선 60여 가지 형식으로 나눈 그는 전형적인 무스테리안 문화와 주먹도끼를 포함한 좀 별다른 돌연모, 특정한 형태를 지닌 긁개, 톱니날 계통의 무스테리안 문화가 존재한다는 사실을 들추어냈다.

이들 꽁브 그르날과 삐슈 드 라제 유적을 발굴한 프랑수아 보르도 교수는 지금은 고인이 되었다. 그의 학맥을 이은 고고학자의 한 사람이 영남대 정영화 교수다. 그는 레제지 드 다야크의 라 플라제로 후기구석기 유적을 가지고 1970년대 프랑스에서 박사학위를 받았다. 오늘날 중견학자로 꼽히는 그는 이번 '한·불 구석기 워크숍'에 참가한 충북대 이융조 교수 등과 더불어 한국 제1세대 구석기 전공자이기도 하다.

그리고 이번 '한·불 구석기 워크숍'을 위해 우리 일행과 함께 프랑스 현지에 와서 수고를 아끼지 않은 충북대 중원문화연구소 조태섭 박사는 바로 그들 1세대 뒤를 이은 제2세대 전공자 그룹에 들어간다. 어떻든 프랑스에서 구석기시대 고동물연구로 박사학위를 받은 그의 도움으로 도르도뉴 지방의 유적을 제대로 돌아보았다. 더구나 19세기 중반부터 도르도뉴 지방에서 이루어진 구석기시대 유적발굴과 그 성과를 학문적으로 대강 엮을 수 있었던 것도 그의 도움이 무척 컸다.

가속이 따라붙은 문명

어떻든 레제지 드 다야크를 떠나 도르도뉴 지방을 차츰 벗어났다. 약 12만 년 전쯤에 시작해서 약 4만 년 전쯤을 앞뒤로 마감한 후기구석기시대 이야기를 더는 미루어 둘 수가 없다. 그래서 무스티에 마을의 아브리 무스티에 철책 앞에서 미리 정리해 두었던 프랑스 남서부 도르도뉴 지방의 후기구석기 무스테리안 문화를 지금 대강 훑고 있는 것이나. 물론 유적 모두를 답사하지는 못했다. 그러나 표준유적 아주 가까이서 느끼는 도르도뉴 지방의 중기구석기문화가 쉽게 가슴에 와 닿았다.

문화나 문명의 진화에는 늘상 가속加速이 따라 붙었다. 유럽의 전기구석기시대는 약 1백만 년 전쯤에 시작해서 10만여 년 전쯤까지 계속되었다. 그러나 곧 뒤를 이은 중기구석기시대는 약 7만여 년을 넘지 못했다. 그럼에도 삶의 터전 말고도, 주검의 자리까지 남겼다. 앞에서 이미 말한 베제르 강 유역의 라 페라씨 유적은 네안데르탈 사람들이 죽음을 새로운 시각으로 인식한 나머지 일부러 주검을 묻어주었던 매장 흔적을 분명히 보여주고 있다. 그 뒤에 도래한 후기구석기시대는 불과 3만여 년 만에 끝이 나고, 다른 시대를 맞았던 것이다.

••16
샹송이 울리는 차 속에서 만난 파리의 불빛

베제르 강 상류로

오늘 밤까지는 파리에 도착하지 않을 수 없는 막다른 길목에서 야속하게도 시간은 자꾸 흘렀다. 내일 아침부터는 프랑스에 올 때 한 짐을 잔뜩 안고 왔던 과제 '한·불 구석기 워크숍'이 파리 고인류연구소古人類研究所에서 열리기 때문에 갈 길이 무척 바빴다. 그렇다고 라스코 동굴을 들르지 않고 스쳐 갈 처지도 못되었다. 고고학을 전공하거나 그 인접학문을 연구하는 학자들이 왔으니, 라스코 동굴은 참새와 방앗간 같은 것이 아닌가. 어차피 베제르 강 상류를 향해 올라가야 파리로 가는 고속도로를 탈 판이어서 몽티냐크에서 차를 오른쪽으로 꺾었다.

라스코 동굴은 1940년 9월 12일 발견되었다. 당시 몽티냐크에 살던 아이들 넷이 개를 데리고 산책을 나왔다가 발견한 유적이다. 그것도 개가 갑자기 사라지는 바람에 더듬더듬 찾아 들어간 동굴이 오늘날 세계적으로 유명한 라스코 벽화유적이라는 것이다. 그해 가을은 나치 독일이 프랑스를 이미 점령한 뒤였고, 제1차 세계대전의 영웅이었던 페탱이 남부의 소도시 비시에서 친독정권親獨政權을 세웠을 때였다. 그런 제2차 세계대전의 와중에 라스코 동굴 발견소식을 듣고 맨 먼저 달려간 이는 고고학자이자 신부였던 앙리 브뢰유였다.

그의 고증을 거쳐 전후 세계에 널리 알려지기 시작한 이 동굴에는 1,500여 점의 바위그림岩刻畵이 들어앉았다. 그야말로 인류의 기념비적 미술관으로 평가해도 손색이 없는 동굴유적인 것이다. 오늘날 프랑스가 아끼고, 또 사랑하는 이 동굴의 미술품들은 약 1만 7000여 년 전쯤에서 9,000여 년 전쯤 사이에 막달레니안 사람들이 그리거나 새긴 것이다. 모든 인류가 함께 공유한 보편적 가치가 인정되어 유네스코 세계문화유산에 올라가 있다.

1940년 라스코 동굴이 처음 발견되었을 때, 맨 먼저 달려와 동물 그림을 투사하고 있는 앙리 브뢰유 신부(오른쪽).

프랑스의 자랑 라스코 동굴

지금 프랑스 정부는 문화성 장관의 허가를 받은 전공자 이외 사람들에게는 라스코 동굴 유적을 절대 공개하지 않는다. 그나마 하오 2시부터 30분 동안 하루 네 사람으로 제한하고 있다는 이야기다. 그래서 신청을 하고도 1년 이상을 기다려야 겨우 차례가 돌아온다고 한다. 이유는 1948년 공개 이후 엄청난 사람들이 몰려들어 이끼가 끼는 등 그림이 망가지기 시작했기 때문이었다. 이에 따라 프랑스 정부는 지난 1963년 마침내 동굴을 폐쇄하고 말았다.

그리고 나서 장장 11년에 걸쳐 복제동굴複製洞窟 라스코Ⅱ를 만들었다. 후기구석기시대의 막달레니안 사람들이 했던 대로 천연안료天然顔料를 써서 본래의 라스코 동굴 그림들을 그대로 옮겨 그렸다. 가장 뛰어난 작품은 후기구석기시대 내내 인류의 먹거리가 되었던 야생의 말과 소를 주제로 한 그림이다. 이 무렵 다른 유적에 좀처럼 나타나지 않는 사람 그림이 들소 앞에 벌렁 누워있는 그림을 본 적이 있을 것이다.

그러나 우리 일행도 유적을 막상 보지 못한 채 돌아섰다. 방문한 시간이 너무 늦어 유적으로 들어가는 철문이 잠긴 지 오래인 듯했다. 송아지만큼 큰 사나운 개들이 떼로 몰려와 금방 덮치기나 할 것처럼 난리를 쳤다. 개하고는 꽤나 인연이 닿는 유적인가 보다. 컹컹거리며 짖어대는 개소리를 뒤로하고, 다시 산을 내려

고고학자들에게 라스코 동굴은 '참새 방앗간'같은 꼭 들러야 할 유적이다. 그러나 시간이 너무 늦어 들머리의 문이 굳게 잠겼다. 지킴이 개들이 요란하게 짖는 소리를 뒤로하고, 돌아설 수 밖에 없었다.

와 몽티냐크를 거쳐 테라쏭으로 달렸다. 테라쏭에 왔을 때는 날이 벌써 어둑어둑하게 땅거미가 끼었다. 이내 A20번 고속도로를 탔다. 리모주 가까이 휴게소에서 한숨을 돌리는 사이 매점 여기저기에 쌓인 도자기가 눈에 띄었다.

리모주는 섬세하고도 순수한 백색자기白色瓷器의 고장으로 널리 알려진 도자기의 고장이라고 한다. 1768년 리모주 이웃에서 거대한 백토白土퇴적층이 발견되어 이 지역 산업의 기초가 되었다는 것이다. 그러나 유럽의 도자기역사는 아주 짧다. 1709년 독일 드레스텐 지방의 마이센 자기가 유럽 도자기문화의 효시였다. 당시 연금술사鍊金術師였던 뵈트거가 성주의 요청으로 처음 구워낸 그릇이 마이센 자기다. 이는 18세기 후반까지 유럽에 전파되었다.

유럽 도자기의 역사

유럽 도자기에 조선도공朝鮮陶工들의 숨결이 배었다는 사실을 아는 사람들은 그리 흔치 않다. 그런데 실제 조선의 솜씨로 빚은 도자기가 유럽 도자기 탄생에 충격을 안겨주었다. 유럽은 16세기 중반부터 중국 명明나라에서 도자기를 수입했으나, 1644년 청조淸朝가 들어서면서 교역의 빗장을 잠가 버렸다. 그때 유럽의 상인들은 수입선輸入線을 일본으로 돌려 큐슈九州지방의 아리타有田 도자기를 들여

리모주에서 가까운 고속도로 휴게소의 도자기 매장. 오늘날 프랑스 사람들이 즐겨 쓰는 백색자기의 본고장이 한국이라는 사실을 까맣게 모른다.

오기 시작했다.

그런데 아리타 도자기는 임진왜란과 정유재란(1592~1598) 7년 전쟁 동안에 일본으로 끌려간 조선도공들이 타국에서 만든 그릇이었다. 이 삼평李參平 일가를 중심으로 조선도공 집단이 만든 아리타 도자기는 일본 나카사키長埼에 머물던 네덜란드 무역상들의 손을 거쳐 1650년부터 유럽으로 들어갔다. 이는 자신들 손으로 도자기를 빚어 굽고자 했던 유럽인들 욕구에 불을 댕겼다. 그러니까 세계도자기역사를 놓고 본 유럽의 도자기는 조선도자기에서 비롯되었던 것이다.

잠시 숨을 돌린 리모주를 끝으로 프랑스 남서부 땅을 벗어난 지도 이미 몇 시간이 지났다. 그리고 프랑스 심장부에 양다리를 걸친 거인처럼 보인다는 르아루 지방을 한참이나 더 달려 오를레앙 근처의 휴게소를 찾아 들어갔다. 프랑스가 영국에 항쟁한 백년전쟁(1377~1453)의 마침표를 찍었던 잔 다르크(1412~1431)의 승전지가 르아루 지방이다. 오를레앙에서는 영국군의 포위를 푼 잔 다르크가 열흘을 지냈다는 그녀의 집을 복원한 모형건물을 세웠다고 한다. 도므레미라는 시골 농부의 딸로 태어난 그녀를 여기 사람들은 '오를레앙의 애국처녀'로 추앙하고 있다는 것이다.

저 멀리 파리의 불빛이

프랑스 전설의 여가수 에디뜨 피아프(1915~1963)의 샹송 CD 한 장을 오를레앙 휴게소에서 샀다. 그녀의 샹송은 파리로 가는 밤의 고속돌에서 무료無聊함을 한껏 달래주었다. 1946년에 녹음한 '장밋빛 인생'이 그리움을 담은 애절한 목소리로 흘러나왔다. 1954년의 영화 '아름다운 사브리나'에서 오드리 햅번이 불러 더욱 유명해졌던 샹송이기도 했다. 온몸에 혼을 담아 노래했던 비운의 가수 에디뜨 피아프는 갔지만, 오늘날을 사는 사람들 가슴까지 잔잔하게 울려주고 있다.

'내 시선을 내리깔게 하는 눈동자/ 입술에 사라지는 미소/ 이것이 나를 사로잡은 그 분의 수정하지 않은 초상화라오/ 그가 나를 품에 안고 가만히 속삭일 때/ 내게는 장밋빛으로 보이지요…'로 시작하는 노래를 몇 차례나 되돌려 들었다. 그리고 '빠담빠담'으로 분위기가 반전되는 사이 북쪽 멀리로 먼동이 트는 것 같은 하늘이 보였다. 바로 파리의 불빛이었다. 오를레앙에서 바꾸어 탄 A10번 고속도로를 벗어나 새로 진입한 뻬리뻬리 순환도로의 쁘라또 언덕에서 어렴풋한 파리의 불빛을 만났던 것이다. 이제부터 10km 남짓을 달리면, 자정쯤에나 파리에 도착할 참이다.

••17
한반도 구석기문화 파리에 가다

중후한 인상의 고인류연구소

첫 아침을 맞은 파리의 날씨는 잔뜩 흐렸다. 간밤에 늦게 들어와서 짐을 푼 숙소는 아주 평범한 중류급 호텔 이비쓰였다. 파리 15구의 에꼴 밀리탈리 근처라고 했다. 일찍 서둘러 워크숍이 열릴 고인류연구소에 도착했을 때는 상오 9시도 채 안되었다. 1920년대에 문을 연 고인류연구소는 연륜만큼이나 중후해 보였다. 검누런 타일을 붙인 건물이었는데, 현관 문틀과 아래층 창문 아래에다는 돌을 덧대어 더욱 무거운 느낌이 들었다. 그리고 인류의 역사를 릴리프로 표현한 조각을 빙 둘러 붙였다. 그 때문에 건물은 고풍스러웠고, 아카데믹한 분위기마저 감돌았다.

충북대 중원문화재연구소가 '한·불 구석기 워크숍'을 위해 준비한 주제는 '한국 중원지역의 구석기문화와 고환경古環境'이다. 이날 워크숍은 프랑스 고인류연구소장 앙리 드 룸리 교수의 주재로 개막되었다. 충북대 이융조 교수가 먼저 '한국 중원지역 구석기문화'를 주제로 한 발제 강연에 나섰다. 이어 김주용 박사(한국지질자원연구원)의 '한국 후기 생

1920년대에 문을 연 고인류연구소는 그 연륜만큼이나 중후했다. 인류의 역사를 릴리프로 표현한 조각을 건물 벽에 빙 둘러 붙여 더욱 고풍스러웠다.

신세 제4기 지질의 편년', 김종찬 교수(서울대)의 '한국 구석기 유적의 연대측정', 박원규 교수(충북대)의 '한국 중원지역 후기구석기 유적 출토 숯 분석을 통한 고환경과 식생植生복원' 등이 발표되었다.

그리고 조태섭 박사(충북대 중원문화연구소)와 우종윤 박사(충북대 박물관)는 '한국 중원지역의 구석기시대 동물상과 생활', 공수진 박사(충북대 중원문화연구소)는 '한국 중원지역의 구석기 유적과 유물', 박선주 교수(충북대)는 '한국에서의 고인류 연구경향', 김홍기·류근호 교수(충북대)는 '구석기시대 고고학자료 통합을 위한 데이터베이스 설계'를 각각 발표했다.

충북은 구석기의 보고

이들 주제는 청원 두루봉 동굴유적(1976)을 비롯 단양 수양개 유적(1983), 단양 구낭굴(1986), 청원 소로리 유적(1997) 등 그동안 충북지역에서 발굴한 구석기 유적 연구업적을 고고학과 그 인접학문을 빌려 종합적으로 결산한 것이다. 한국 구석기고고학의 역사는 사실상 충북을 주축으로 한 중원지역에서 확립되었다. 1973년 제천시 송학면 포전리 점말동굴에 이은 청원군 문의면 노현리 두루봉 석회암 동굴의 발견은 한국 구석기고고학의 학문적 바탕을 이루었던 것이다.

충북 일대에 널리 분포한 석

고인류연구소의 외벽을 장식한 부조. 고인류의 삶을 릴리프로 표현한 벽화에서는 아카데믹한 분위기가 묻어났다.

회암지대의 동굴은 숱한 생명의 비밀을 간직한 지질시대地質時代의 보고寶庫다. 동굴 천정으로부터 녹아내린 석회암성분의 침전물沈澱物이 동·식물의 유체遺體를 굳혀버린 이른바 고화固化현상으로 이루어진 화석들이 무더기로 발굴되었다. 화석에는 태고의 흔적을 마치 기록이나 한 것처럼 고스란히 담아냈다. 인류를 포함한 동물의 뼈, 곤충의 유체와 식물의 꽃가루 따위에서 지난 먼 옛날의 기록을 읽을 수 있는 것이다.

한반도에서는 1960년대 말 평양 이웃 상원군 흑우리 검은모루 동굴에서 처음으로 동물화석이 출토되었다. 그리고 남한지역에서는 제천 송학면 포전리 점말동굴에서 동물화석이 처음 발굴된 데 이어 곳곳에서 동굴유적을 찾아냈다. 1976년 청원군 문의면 두루봉 동굴, 단양군 가곡면 여천리 구낭굴 등이 그것이다. 동물의 뼈화석이 무더기로 쏟아져 나온 이들 동굴은 조선계朝鮮系와 옥천계沃川系 석회암층이 마주치는 충북 일대에 집중되었다.

고인류연구소 메인홀에서 열린 '한·불 구석기 워크숍'. 한국과 프랑스의 고고학자 및 인접학문 전공자들이 참석했다.

코끼리가 어슬렁대다

이들 동굴에서는 동물뼈화석 말고도 사람의 손길이 미친 돌연모가 함께 나왔다. 그 가운데 충북대 이융조 교수팀이 발굴한 청원군 노현리 두루봉 동굴떼는 고동물학古動物學의 표본실標本室 같은 유적이다. 이 유적은 두루봉이라는 작은 산봉우리에 밀집한 복합동굴의 성격을 띠고 있다. 흥수굴, 새굴, 처녀 따위로 이름을 붙인 동굴은 모두 6개에 이른다.

새굴에서는 코끼리 이빨과 더불어 쌍코뿔이와 큰원숭이에 이어 동굴하이에나 뼈 등 모두 1,770여 점의 화석이 나왔다. 최대 뼈대수와 최소 마릿수를 기준으로 한 개체수個體數계산방식에 따르면, 11종 53마리에 이르는 수치다. 코끼리가 어슬렁거리고, 앞만 보며 달리는 쌍코뿔이에 놀란 원숭이가 잽싸게 나무를 타는 아열대성 대지의 풍경을 상상해보라. 동물의 시체를 먹어 치우는 하이에나도 싸돌아다녔다. 요즘 TV에 나오는 '동물의 왕국' 같은 짐승들의 낙원이 일찍 한반도 중부지역 충북에서도 연출되었던 것이다. 두루봉 동굴유적 문화의 얼마만큼은 홍적세洪績世 중기에 해당하는 전기구석기시대 때 이루어진 것으로 보고 있다. 이는 따뜻하고 무더운 기후에 자생했던 식물의 꽃가루 분석을 근거로 내린 결론이기도 하다.

단양군 적성면 애곡리 수양개 유적도 후기구석기시대 사람들이 남긴 삶의 터전이다. 남한강 유역 강가에 자리 잡았던 한데유적野外遺蹟이기도 하다. 이 유적도 충북대 이융조 교수팀이 발굴했다. 규모는 1,250㎡로 한반도 구석기유적 발굴사상 면적이 가장 넓다고 한다. 후기구석기시대 문화에 초점을 맞춘 수양개 유적에서는 돌연모가 어떤 방법으로 만들었는가를 보여주는 석기제작 자리가 자그마치 49군데나 발굴되었다. 돌연모를 만들기 위해 큰 돌멩이에서 떼어낸 여러 돌조각을 다시 모아 합쳤을 때 본래 돌멩이 모양과 맞아떨어지는 기묘한 현상까지 보여주었다.

구석기시대 마지막 유적

수양개 유적에서 나온 대표적 돌연모는 좀돌날몸돌細石刃石核이다. 좀돌날을 떼어 낸 몸돌이나, 배 밑 모양의 긁개 등 195점의 돌연모가 수양개 유적에서 출토되었다. 그리고 프랑스 남서부 베제르 강 유역 로저리 오뜨 유적 등에서 보이는 슴베찌르개와 함께 수정으로 만든 긁개와 새기개가 나오기도 했다. 한 자료는 수양개 유적의 절대연대絕對年代를 1만 4000년 전으로 밝혀주고 있다. 이시기는 아마도 수양개 유적의 맨 끝자락 하한연대下限年代로 추정된다.

어떻든 '한·불 구석기 워크숍'에서 수양개 유적은 동북아시아 일대에 분포하는 후기구석기시대 한 시기의 문화적 특징을 모두 집약했다는 사실이 높게 평가되었다. 이와 더불어 세계적 방송매체인 BBC 인터넷판에 보도되었던 청원군 옥산면 소로리 후기구석기 유적도 주목했다. 벼이삭을 자른 흔적을 남긴 홈날돌연모 등과 더불어 이 유적 토탄층土炭層에서 세계 최고最古의 고대 볍씨가 나온 유적이었기 때문이다. 이 볍씨는 야생野生과 재배단계 사이의 순화벼馴化滔로 밝혀진 바 있다. 이는 1만 3000년 전쯤에 볍씨가 이미 농경문화로 가는 진화가 진행되었다는 사실을 보여주는 중요한 자료인 것이다.

••18
파리 한복판서 실감한 격세지감의 한국고고학

백년 세월의 벽을 넘어

한국과 프랑스의 구석기 연구역사는 한 세기나 차이가 난다. 프랑스 남서부 도르도뉴 지방 레제지 드 다야크에서 크로마뇽 사람을 발견한 1868년을 기점으로 잡아도 그렇다. 유럽 학계는 일찍부터 인류의 기원을 밝히는 문제에 눈을 돌렸다. 그래서 인류에 관한 고생물학古生物學 연구는 크로마뇽 사람 발견보다 먼저 시작되었다. 1856년 에두아르 라르테가 프랑스 남서부 생고당에서 발견한 유인원類人猿의 아래턱뼈를 보고, 드리오피테쿠스라는 이름을 붙여주었던 일 따위가 그것이다.

그렇듯 구석기 연구역사를 자랑하는 프랑스에서 한반도 중원지역의 구석기문화를 가지고, 워크숍을 연 것은 대단한 접근이었다. 한국의 구석기 연구는 동아시아에서도 중국이나 일본에 비해 퍽이나 늦었다. 그러나 지난 40여 년 동안 한국의 구석기 연구는 바깥에서 짐작했던 것보다 더 발전적 성과를 거두었다. 그래서 워크숍에 참석한 프랑스 학자들은 한·불 워크숍에서 한국 학자들이 발표한 구석기 연구성과를 새롭게 받아들이면서, 놀랍다는 반응을 보였다.

프랑스와 세마 박사(국립자연사박물관 선사연구실장)는 세계에서 가장 오래된 청원 소로리 유적 출토 볍씨가 자랐던 시기의 한반도 중원지역의 고환경을 궁금하게 여겼다. 이에 대한 답변에서 김주용 박사(한국지질자원연구원)는 볍씨가 나온 토탄층에서 찾아낸 꽃가루 분석결

한·불 구석기 워크숍에 참가한 파리의 고고학자들. 왼쪽부터 앙리 드 룸리 교수, 마리 앙뜨와네 룸리 박사, 프랑스와 세마 박사, 마리 뻬루뻬루 교수

과 가문비나무와 전나무에 이어 자작나무가 우세했다는 사실을 들어 당시 기후가 따뜻했던 것으로 보았다. 그러니까 홍적세에 극성을 부렸던 추위가 차츰 물러나기 시작한 시기로, 유럽의 막달레니안 문화기에 해당한다는 것이다. 이 시기는 단양 구낭굴 맨 위층 석회암마루가 이루어진 1만 2000년 쯤으로 추정했다.

그리고 마리 뻬루뻬루 교수(인류박물관)는 단양 수양개 유적에서 나온 돌연모 슴베찌르개가 아프리카와 유럽에서 나온다는 사실을 들어 매우 중요한 유물로 평가했다. 이어 단양 구낭굴 출토 동물뼈에도 관심을 보인 뻬루뻬루 교수는 뼈에 나타난 자른 자국이 가죽을 벗기기 위한 작업결과 아니냐는 질문을 던졌다. 조태섭 박사(충북대 중원문화연구소)는 답변에서 자른 자국이 난 뼈는 거의가 사슴이고, 주로 긴 뼈대에서 나타나는 동시에 뼈대의 대롱부분에 밀집되었다는 분석결과를 밝혔다. 그래서 가죽을 벗겼다기보다는 잡은 짐승의 고기를 가를 때 생긴 흔집으로 보았다.

한·불 구석기 워크숍을 주재한 앙리 드 룸리 교수(고인류연구소장)는 총평에서 한국의 구석기문화 연구는 지난 20년 동안 큰 발전을 이루었다고 평가했다. 그리고 한국 구석기문화 연구결과를 한·불 구석기

문화 워크숍에서 처음 듣게 된 것은 행운이라는 말을 잊지 않았다. 이어 룸리 교수는 한국의 젊은 학자들이 석기, 고인류, 고동물, 지질, 식생, 연대측정 및 컴퓨터학 등 여러 학문분야와 역동적으로 협력하는 연구풍토를 매우 바람직한 현상으로 받아들였다.

룸리 교수의 초청 오찬

오전의 워크숍이 끝난 뒤에 베풀어진 오찬은 고인류연구소장 룸리 교수의 초청으로 이루어졌다. 점심시간 한가운데라서 레스토랑은 붐볐다. 그러나 손님들이 가당찮게 몰려들어 북새통은 이루지는 않고, 그저 안온했다. 파리의 요리를 주로 한다는 중산층 레스토랑으로 짐작되었는데, 주문한 스테이크 맛이 썩 마음에 들었다. 바코드 하나로 원산지와 생산자 등 온갖 정보 모두가 파악된다는 프랑스의 쇠고기이고 보니, 육질도 아주 부드러웠다. 식사 때마다 늘 따라 붙는 붉은색 와인을 곁들인 점심을 들면서 워크숍에 다 하지 못한 이야기를 나누었다.

오후에도 고인류연구소를 다시 찾았다. 세계적으로 이름이 난 연구시스템을 돌아보기 위해서였다. 구석기문화와 관련한 고인류와 돌연모, 고동물과 고식물, 토양 등 분야별 연구를 체계적으로 진행시킬 수 있는 시설을 완벽하게 갖추었다. 인류의 예술행위와 선사예술품 연구는 물론 유적과 유물에 대한 연대측정까지 고인류연구소 안에서 한꺼번에 이루어졌다. 그러니까 유적에서 발굴한 유물의 정리부터 분석 및 보존처리, 연대를 밝히는 작업 등이 모두 한군데서 처리된다는 이야기다. 더구나 모든 연구분석 자료는 전산화되어 어느 연구실에서나 이용할 수 있도록 데이터 베이스를 구축한 것도 이 연구소의 자랑이다.

엄청난 분량의 선사인류의 머리뼈를 소장한 고인류연구소 공생물연구실. 세상 어디에도 없는 북경원인 복제골격이 이 연구소에 소장되었다.

고인류연구소는 이름과 걸맞는 고생물연구실을 운영하고 있다. 2층에 따로 자리한 연구실에는 엄청나게 많은 인류의 머리뼈가 소장되었다. 이 가운데 눈길을 끈 자료는 1920년대부터 1930년대 말기까지 중국 베이징 이웃 조우코우티엔周口店에서 발굴한 이른바 베이징 원인北京猿人의 머리뼈 복제품이다. 그까짓 복제품이 뭐 그리 대수로우냐고 반문할지도 모른다. 그러나 베이징 원인의 오리지날 머리뼈를 기본 틀로 직접 복제했기 때문에 가치 높은 표본으로 평가된다는 것이다.

격세지감을 실감한 한국고고학

지금은 베이징 원인 머리뼈가 모두 사라져 세상 어디에도 없다. 베이징 원인이라는 이름은 처음 지었을 때, 자바에서 나온 피테칸트로푸스의 머리뼈를 닮았다고 해서 붙인 것이다. 이 머리뼈가 원인이 아닌 진짜 인류인 호모 에렉투스로 밝혀진 것은 뒷날의 일이었다. 그런데 1941년 일본이 중국을 침략했을 무렵에 사라지고 말았다. 중국은 일본군이 가까이 접근하자, 머리뼈들을 포함한 조우코우티엔 출토유물을 곧 철수할 미국 해병대에 넘긴 것이 화근이 되었다. 불행하게도 미국으로 떠나는 전함이 황해 바다에서 침몰하고 말았다.

중국 조우코우티엔은 1920~1930년대에 걸친 발굴 당시만 해도 중기 홍적세에 인류가 들어와 살았다는 사실을 증거한 유적이었다. 지금은 인류의 발상지 아프리카로부터 먼 동아시아의 동쪽 끝자락 한반도에서도 인류가 홍적세에 남긴 구석기시대 전시기의 유적들이 속속 발굴되고 있다. 레제지 드 다야크의 아브리 빠또 유적을 처음 발굴했던 미국인 고고학자 뫼비우스가 동아시아에는 없다고 단언했던 양날몸돌兩面核石器인 주먹도끼 분포 지도를 새로 그려내지 않는가. 그리고 오늘 한반도 중원지역의 구석기라는 주제를 가지고, 세계 구석기문화 연구의 메카 격인 프랑스 파리로 왔다. 파리 한복판 고인류연구소에서 격세지감隔世之感을 실감한 것은 나만이 아니었을 것이다.

••19
프랑스 고고학의 거목 앙리 드 룸리 교수와의 대화

'직지'목걸이에 감격한 노학자

프랑스 고인류연구소는 파리시 동쪽 제13구에 자리했다. 연구소 건너 쪽에는 파리에서 손꼽히는 쌀페트리에 병원이 있다. 영국왕실의 황태자 비妃 다이애나가 파파라치에게 쫓겨 교통사고로 중상을 입었을 때, 입원했던 병원이 쌀페트리에다. 다이애나는 이 병원에서 숨을 거두었다. 그리고 연구소는 파리 제5구를 이웃했기 때문에 세계적으로 유명한 국립자연사박물관이 아주 가깝다.

고인류연구소는 국립자연사박물관 산하에 든 연구기관이다. 그러나 독립성이 인정되어 학문연구가 자유롭다고 한다. 국가로부터 지원을 받기는 하지만, 스폰서들의 후원도 만만치 않다는 이야기다. 남부 프랑스 니스 근처의 모나코 공국의 왕자가 굵직한 스폰서로 알려졌다. 모나코 왕자가 한 해에 후원하는 돈은 미화로 약 30만 달러가 넘는 금액이라는 것이다. 그래서 고인류연구소에서 운영하는 박사과정 연구생들의 학비는 전액 무료라고 했다.

인터뷰를 쾌히 응낙한 앙리 드 룸리 교수. 그는 한국의 구석기유적을 두루 답사한 적이 있는 지한파 학자다.

이 연구소 수장首長인 앙리 드 룸리 교수는 프랑스 사회에서 영향력을 가진 학자의 한 사람이다. 그의 만남은 또따벨에 이어 두 번째라서 이제 구면이 되었다. 그런데 넥타이를 맨 정장 차림에 목걸이 하나를 더 걸고 나타난 그는 어린아이처럼 즐거운 표정으로 일행을 맞았다. 내가 또따벨에서 선물한 목걸이를 일부러 넥타이 위에 덧대어 걸었다는 것을 이내 알아차렸다. 그러면서 나를 보고, 천진스럽게 웃던 노학자의 밝은 표정을 지금도 잊을 수가 없다. '직지直指'를 조개껍질로 새겨 넣은 자그마한 나전칠기螺鈿漆器 제품이었다는 데, 실은 돈을 주고 산 선물은 아니었다.

학술발굴에 치중해야

지난해 겨울 청주문화원이 남문로에서 사직동으로 옮길 때 만들었던 기념품을 박영수 원장이 내게 준 것이다. 썩 잘 만들었다는 생각이 들어 챙겨두었다가 이번에 프랑스에 올 때 가져와서 룸리 교수에게 선물을 하게 되었다. '직지'는 청주 교외 흥덕사興德寺에서 찍은 세계 최고最古의 금속활자책 '직지심체요절直指心體要節'을 줄인 말이다. 이 책은 지금 파리의 프랑스 국립도서관에 있지 않은가. 우리네 품으로 돌아오지는 못했지만, '직지'가 유네스코 기록문화유산에 등재되었다. 그나마 다행한 일이다. 룸리 교수가 '직지' 목걸이 선물을 소중하게 여겼던 것도 그런 사연을 알았기 때문이었을 것이다.

앙리 드 룸리 교수와는 미리 인터뷰가 약속되었다. 파리의 날씨는 우중충했지만, 그런대로 빛이 환하게 들어오는 방에서 그를 만났다. 부인 앙뜨와네 룸리와 이융조 교수가 자리를 같이했다. 그의 방은 프랑스 고고학계의 거목이 늘 자리하는 공간이라기보다는 우리네 사랑방처럼 푸근했다. 천진스럽기 짝이 없는 그의 표정과 어울려 분위기는 더욱 좋았다.

"파리에서 다시 만나게 되어 정말로 반갑습니다. 저도 한국을 다녀온 적이 있지요. 그때 단양 수양개와 연천 전곡리 등 한국의 구석기유적을 좀 돌아보았습니다. 한국에서 구석기 역사는 짧다면 짧은데도, 괄목한 연구성과를 축적했다는 사실에 깜짝 놀랐습니다. 그러나 딛고 넘어가야 할 문제도 있습니다. 이를테면 유적에 대한 절대연대絶對年代의 편년編年체계를 보다 확실히 하는 것입니다. 또 구제발굴보다는 학술발굴을 통해 연구업적을 차분하게 쌓는 작업도 함께 이루어져야 한다고 생각합니다."

그는 한국을 방문했던 지한파知韓派 프랑스 고고학자이기도 하고, 한국에서 활약하고 있는 제자도 여럿을 두었다. 한국 구석기고고학의 절대연대 편년체제 확립을 시급한 과제로 지적한 그는 학술발굴의 필요성을 강조했다. 그러니까 여러 가지 개발정책에 밀려 성급하게 유적을 발굴하는데 치우칠 것이 아니라, 계획적인 발굴을 통해 학문적 성과를 쌓아야 한다는 이야기다. 그는 사실 자신이 조사를 주도한 니스의 라자레와 남프랑스 또따벨 전기구석기시대 유적인 이라고 동굴 등을 길게는 40년째 발굴을 계속하고 있다.

한국을 잘 아는 지한파

"한국학계가 지금처럼 다이내믹한 자세로 열심히 매달린다면, 모든 과제는 쉽게 풀어질 것으로 확신합니다. 한국을 방문했을 때 젊고 유능한 엘리트들이 연구방향을 잘 잡고, 또 열정적으로 몰입하는 것을 보았습니다. 크게 감명을 받았지요. 고고학은 그저 땅이나 파고, 석기 따위의 유물을 분석하는 단세포적인 학문이 아닙니다. 인류의 과거 전반을 다루어야 하는 폭넓은 학문인 것입니다. 인류의 진화와 생명을 근간으로 한 정신세계까지 포함되어야 하니까요. 그래서 고고학은 인접학문과 서로 교류하고, 또 토의하는 학제간의 소통이 필요하다는 말씀을 드리고 싶습니다. 이번에 충북대 중원문화연구소 이융조 교수팀이 준비한 '한국—프랑스 구석기 워크숍'에서 학제간의 협력이 제대로 이루어지고 있다는 사실을 발견했습니다. 참으로 좋은 현상입니다. 그래서 충북대 중원문화연구소가 이번에 발표한 한국 중원지역의 고고학 발굴성과를 고인류연구소의 계간지 '앤트로폴로지'에 게재하는 문제를 이융조 교수와 협의했습니다."

그가 보는 고고학은 단세포적인 간단한 학문이 아닐뿐더러, 단조롭고 무미건조한 학문은 더더구나 아니라는 것이다. 인류 진화와 궤軌를 같이하는 가운데 인류의 정신세계를 함축한 윤택이 나는 학문이 고고학이라는 지론을 폈다. 인류의 정신세계라는 것은 생각할 줄을 아는 사유思惟체계와 지혜가 깃들인 문화 전체를 총칭할 수 있다는 이야기다. 그가 중원지역 고고학 발굴성과를 게재하자고, 제의한 '앤트로폴로지'는 1898년에 창간한 프랑스 최고권위의 고고학 잡지다. 한 호의 값이 우리나라 돈으로 10만 원이 넘는 고가의 계간지로 알려졌다.

"인류의 진화와 탄생은 참으로 신비로운 현상입니다. 그래서 한반도에서도 인류가 어디서 어떻게 들어와서, 어떤 삶을 살았는가를 밝힐 필요가 있습니다. 그 문제를 풀자면, 중국의 전기구석기문화와 한반도의 전기구석기문화를 비교 연구하는 것이 지름길이라고 생각합니다. 더구나 충북대가 발굴한 단양지역의 구석기 유적은 거의가 잘 발달한 석회암지대에 자리했기 때문에 문제 해결의 가장 큰 열쇠를 쥔 인류의 뼈 화석이 어딘가 숨어 있을 가능성이 높습니다. 고인류학 연구에 반드시 수반되어야 할 고인류의 발굴을 기대해 보겠습니다. 단양 금굴 유적은 지금까지 나온 돌연모로 미루어 보다 훌륭한 구석기 고고학의 현장입니다. 또 그보다 더 오랜 유적이 발견되어 한국의 전기구석기시대 편년이 체계적으로 확립하는 길이 열리리라고 봅니다."

한국의 전공자 파견 제의

그는 지금 중국 난징 이웃의 따유완 구석기유적 발굴에 참여하고 있다. 그래서 중국과 한국의 구석기유적 비교연구는 반드시 이루어져야 할 새로운 과제로 꼽았다. 또 프랑스와 한국 구석기의 비교연구를 권고한 그는 한국과의 적극적인 학문교류를 희망했다.

"한국에서 프랑스 학자들을 초청하면 보낼 수도 있습니다. 그러나 바람직한 일은 젊은 연구자들의 교류입니다. 한국에서 전공자를 보내온다면, 우리 고인류연구소는 현장 발굴에서부터 고고학 지식습득에 이르기까지의 적절한 커리큘럼을 운용할 계획입니다. 체류에 필요한 기숙사 제공 등 몇 가지 편의를 돌볼 수도 있을 것입니다. 이를 성사시키기 위해서는 구체적인 논의가 뒤따라야 하겠지요. 아무쪼록 성사되는 쪽으로 노력하겠습니다."

'한·불 구석기 워크숍'을 기념하기 위해 두 나라 참가자들이 모두 함께 모였다.

그는 지금 고인류연구소를 주축으로 니스의 라자레구석기연구소와 또따벨 유럽선사문화연구센터, 레제지 아브리빠또연구소를 책임지고 있다. 또따벨의 아르고 동굴유적에서는 이른바 '아르고 21'로 명명한 45만 년 전의 사람 머리뼈화석이 나왔고, 이어 라자레 동굴에서는 30만 년 전의 어린이뼈를 발굴했던 장본인이 바로 그다. 그리고 니스 교외의 90~100만 년 전 발로네 유적과 함께 떼라 아마따 유적도 발굴한 그는 발굴의 실제와 이론을 겸비한 프랑스 고고학계의 거목으로 평가받고 있다. 전 프랑스 대통령 지스까르 데스땡의 서문이 실린 『선사시대의 프랑스』(전3권), 『라자레 동굴 보고서』, 『몽베고 바위그늘 유적』 등 그의 저서는 고고학의 명저로 꼽힌다.

마르세유대학에서 제4기 지질연구로 박사학위를 받았다. 지난해 정년으로 퇴임하기 전까지는 국립자연사박물관장을 겸직했었다.

••20
파리의 마지막 코스 인류박물관과 자연사박물관

오늘은 파리에서 두 군데 박물관을 들르기로 스케줄이 잡힌 날이다. 그래서 먼저 파리 제16구 트로카데로 광장에 바로 이웃한 인류박물관을 찾았다. 전날 고인류연구소 워크숍에서 만났던 이 박물관 교수 마리 뻬르뻬르가 우리 일행을 현관에서 마중했다. 박물관에 웬 교수라니…. 우리에게는 사실상 생소한 직책이다. 그러나 프랑스에는 국가가 교수직을 인정하는 이른바 국립과학연구소(CNRS)라는 제도가 있다고 한다. 이들은 희망에 따라 대학이나 박물관, 전문 연구소 같은 국가기관에 근무할 수 있다는 것이다.

메디치 가의 별장을 박물관으로

오늘의 파리 인류박물관은 1937년 만국박람회 기념사업의 하나로 설립되었다. 그리 크지는 않았지만, 유럽의 고전적 건축양식이 그대로 드러났다. 빨레 드 샤이오 궁宮이라고도 부르는 유서 깊은 건물이었다. 이 건물터는 본래 이탈리아 피렌체의 금융업자이자 거부巨富였던 메디치 가家의 딸 꺄트린느 드 메디치 왕비의 별장 자리였다고 한다. 왕비는 궁중 생활이 지겨워 16세기 당시 파리 교외에 농가풍의 별장을 지어 지금의 인류박물관 건물터에서 살았다는 것이다.

인류박물관에서 내려다보면 세느 강 건너로 에펠탑이 손에 잡힌 듯 가깝다. 그러니까 오늘날 인류박물관은 파리 한복판에 있다. 이 박물관은 크게 3개의 전시공간으로 이루어졌다. 그 가운데 하나가 프랑스의 대표적인 선사유물 전시공간이고, 나머지 두 공간은 근동과 아프리카를 비롯 아시아와 오세니아 지역에서 나온 유물들이 차지했다. 특히 아프리카에서 수집한 민속품이 유명하다.

우리 일행은 마리 뻬르뻬르 교수의 안내로 선사연구실을 찾아 귀중한 유물들을 직접 매만지는 기회를 가졌다. 실로 큰 수확이었다. 피레네 이웃 엉랜느 후기구석기 유적에서 나온 뼈작살 같은 유물들을 수장고를 열어 선뜻 보여준 마리 뻬르뻬르 교수의 후의를 잊을 수가 없다.

인류박물관 로비를 거쳐 2층 전시관으로 올라가서 맨 먼저 마주친 전시물은 박제품 원숭이들이었다. 지구상에 사는 별의별 원숭이들이 제대로 포즈를 취한 전시물이 아주 실감나게 제작되었다. 이들 원숭이를 보는 순간 피식 웃음이 나왔다. 유럽 사람들이 원숭이를 처음 본 것은 B.C 146년의 일인데, 그 사이에 원숭이를 많이도 잡아 왔다는 생각이 들었기 때문이었다. 유럽 사람들이 처음 보았다는 원숭이도 실은 살아 있는 짐승이 아니라, 로마가 카르타고를 쳐들어갔을 때 신전神殿에 모신 원숭이 가죽이었다는 것이다.

인류박물관 전시실로 올라가면, 박제된 원숭이가 전시되었다. 이들 원숭이 옆에는 인류의 진화 시간표가 마련되었다.

진화 시간표 속의 원숭이

인류박물관 원숭이 코너 바로 옆에는 인류의 발생부터 오늘의 현대인에 이르는 진화의 시간표가 마련되었다. 원숭이 무리 옆에서 시작한 인류 진화의 시간표는 묘한 여운을 안겨 주었다. 지난 19세기 후반까지만 해도 사람과 비슷한 원숭이 유인원類人猿을 인류의 조상 뻘로 보았던 진화론자進化論者들이 매도되었다는 사실을 상기하면 실로 아이러니한 일인지도 모른다. 하기야 20세기에 들어와서도 진화론은 궁지에 몰렸다. 미국의 한 고등학교 교사가 '인류는 열등동물에서 기원했다'고 가르친 것이 화근이 되어 재판에서 유죄 판결을 받은 일도 있다.

외국을 여러 날 다니다 보면, 밥이 그리울 때가 많다. 밥에다 된장찌

우리 일행을 자연사박물관에서 기다린 전임 관장 앙리 드 룸리 교수. 그가 안내를 자청하고 나섰다.

프랑스 자연사박물관 벽에 전시공간 분위기가 풍기는 걸개그림이 걸려 있다. 이 박물관은 프랑스 혁명의 와중에서 왕립식물원을 모태로 문을 열었다.

개를 곁들이지 않더라도 그저 쌀로 지은 밥은 늘 반갑다. 그래서 중국 레스토랑에 들러 밥이 들어간 음식으로 점심 한 끼를 푸짐하게 때웠다. 오후 스케줄 속에는 세계적으로 유명한 국립자연사박물관을 방문하는 일이 남았다.

파리 제 5구에 자리한 자연사박물관에는 고인류연구소장 앙리 드 룸리 교수가 미리 와서 우리를 기다렸다. 그는 지난해 여기서 정년으로 관장직을 물러난 터여서, 노학자에게 박물관은 마치 친정처럼 푸근한 공간이기도 했을 것이다.

이 노학자 룸리 교수는 손수 안내를 자청하고 나섰다. 그는 관장 재직시 자연사박물관을 방문한 일본천황 같은 몇몇 국가지도자 안내를 맡았다고 한다. 그런데 우리를 손수 안내한 것은 너무 뜻밖이었다. 박물관 입구부터 출구까지 걸어가면서 진화과정을 살필 수 있도록 유물과 표본들이 배치되었다.

입구 쪽에는 가장 오래된 고생대의 무척추동물無脊椎動物이 자리를 잡았다. 그 다음에는 중생대 때에 살았던 대형의 파충류들이 관람객을 기다렸다. 이어 제 3기紀의 조류와 포유류가 나왔고, 마지막으로는 인류가 출현한 제4기의 짐승들이 배치되었다. 자연사박물관 전시실이 오늘의 형태로 문을 열었던 1898년에는 하루 1만이 넘는 관람객의 몰려들었다고 한다. 그 틀은 당시 자연사박물관 교수였던 고생물학자 알베르 고드리가 잡았는데, 문을 열기까지 25년의 세월이 걸렸다는 것이다. 오늘날 지구상에 사는 온갖 동물이 다 모였거니와, 멸종한 동물까지 망라되었다. 가히 세계적인 규모의 자연사박물관이었다. 그 규모뿐 아니라 복제품 가운데는 관람객을 압도할 만큼 엄청나게 큰 짐승도 있다.

카네기박물관에서 보낸 공룡 복제골격

그 하나가 디플로도쿠스라는 이름을 가진 공룡의 복제골격이다. 몸뚱이 길이가 27m에 이르는 이 공룡은 8m나 되는 긴 목을 가지고 있다. 그리고 80개의 뼈로 이루어진 꼬리는 14m에 이른다. 디플로도쿠스의 디플로는 두 배를 뜻하는 것이고, 도쿠스는 대들보를 가리키는 말이라고 한다. 파리 자연사박물관의 공룡 복제골격은 1899년과 1900년 미국 와이오밍 주에서 발굴한 뼈화석을 근거로 석고를 떠서 만든 것이다.

이 공룡의 골격복제품은 1903년 당시 박물관장 에드몽 페리에라 고생물학 교수의 요청으로 미국 카네기박물관에서 만들었다. 1908년 복제품이 대서양을 건너 프랑스 르 아브르 항구에 도착하고 나서, 그 해 6월 15일 조립을 마쳤다. 그러니까 복제품 제작을 요청한 해로부터 꼬박 5년이 지난 뒤에 제자리를 잡았던 것이다. 복제품 조립이 끝나던 날, 그 거대한 공룡 발치에서는 '고생물의 밤' 행사가 베풀어졌다고 한다.

파리 국립자연사박물관은 오늘의 외형 못지않게 오랫동안 학문의 내실을 갖추었기 때문에 더욱 명성이 높다. 『동물학일지』와 『화석뼈의 연구』라는 저술로 유명한 조르주 퀴비에로 거슬러 올라가면, 자연사박물

1908년 6월 15일 공룡의 복제골격을 자연사 박물관에 조립하고 나서 찍은 기념사진. 이 복제품은 미국 카네기박물관에서 기증한 것이다.

관의 아카데미 역사는 2세기가 넘는다.

퀴비에는 이른바 '왕의 정원'으로 불렸던 왕립식물원王立植物園이 프랑스 혁명의 소용돌이 속에서 자연사박물관으로 바뀌었을 무렵인 1795년부터 인연을 맺은 비교 해부학자였다. 그는 자연사박물관 교수로, 비교 해부학 방법을 빌려 멸종한 동물을 복원하는 데 평생을 바쳤다. 1809년 『동물철학』을 출간했던 라마르크도 자연사박물관에서 무척추동물을 연구한 학자였다.

모든 생물은 자체에 내재한 발전적 에너지에 따라 더 높은 조직체로 향하게 된다는 그의 이론은 뒷날 영국의 찰스 다윈의 진화론에 큰 영향을 끼쳤다는 것이다. '왕의 정원'을 파리 국립자연사박물관의 뿌리로 친다면, 조루주 루이 르클레르 뒤퐁 또한 무시할 수 없다. '왕의 정원' 관리책임자였던 그는 유명한 박물학자였는데, 1749~1789년까지 전 44권의 『박물지博物誌』를 출판한 인물이기도 하다. 그리고 1771년에는 『자연사自然史』라는 저술을 내놓았다. 자연사의 효시가 되었을 그의 이론은 유럽 여러 대도시의 자연사박물관 건립을 부추겼을지도 모른다.

••21
과거로의 체험여행 숲속에 자리한 선사박물관

눈요기 삼아 찾은 갈르리 라파예트

프랑스에 와서는 줄곧 비를 달고 다니는 꼴이 되었다. 파리에서 모처럼 한가한 아침을 맞았으나, 겨울비가 소나기처럼 세차게 내렸다. 그러나 비가 내리는 파리의 겨울이 싫지는 않았다. 윈도우 브러시가 반원을 그리며 부지런히 돌아가는 차 안에서 본 파리 시가지에서는 그런대로 운치가 묻어났다. 오페라극장가를 지나 파리 중심의 쇼핑몰 밀집 지역으로 들어왔을 때는 벌써 사람들이 붐볐다.

그 이른 시간에 사람들이 빗길을 마다하지 않고, 쏟아져 나온 이유는 새해 첫 세일을 맞추기 위해서였다. 유명한 쁘랭땅 백화점과 갈르리 라파예트가 이 구역에 자리했다. 동서를 막론하고, 백화점 정기세일은 사람들을 들뜨게 하는 모양이다. 우리네 속담에 '남이 장에 가면, 씨 오쟁이 쓰고 장에 간다'는 말이 있다. 그런 모양새를 하고, 가히 세계적이라는 백화점 몇 군데를 눈요기 삼아 돌아보았다.

갈르리 라파예트의 지붕은 엄청나게 큰 유리 돔이었다. 유리 돔으로 들어온 광선이 1층 매장에 와서 멈추는 갈르리 라파예트는 예술의 도시 파리다운 매혹적인 건물이기도 했다. 유리 돔 바로 아래 7층은 레스토랑이다. 그 옆이 열쇠고리나 손거울 따위를 파는 선물 코너였기 때문에 잡동사니 몇 점을 사서 우선 선물을 꾸렸다. 그리고 돔을 머리에 인 기분으로 점심을 들었다. 멋과 패션의 도시 파리 한복판에 자리한

I. 구석기 고고학의 메카 프랑스 •• **125**

백화점 구경은 그쯤에서 접어야 했다.

오후 일정이 확실하게 잡혀 파리를 빠져나갈 참이다. 그래서 파리를 벗어나 6번 고속도로를 타고, 남쪽으로 달렸다. 얼마 전까지 비를 뿌려대던 구름 틈새를 비집고 나온 햇볕이 일 드 프랑스 남쪽 벌판에 쏟아져 내렸다. 그래서 잡목이 우거진 사이사이로 넓게 펼쳐진 겨울날의 초원이 싱그럽기까지 했다.

얼마를 달렸을 때, 왼쪽 평원 멀리로 아주 드넓은 숲이 시야로 들어오기 시작했다. 핸들을 잡은 충북대 중원문화연구소 조태섭 박사의 설명에 따르면, 퐁텐블로 숲이라고 했다. 프랑스의 여러 군주가 태어났다는 퐁텐블로는 왕실의 은거지였다. 처음에는 왕들의 사냥터였는데, 16세기 초반에 들어 프랑수아 1세가 숲에다 성을 지었다. 나폴레옹이 몰락한 뒤에 치른 프랑스 황제의 퇴위도 이 성에서 이루어졌다. 얼룩진 역사를 간직한 비운의 성이었다. 그러나 이탈리아 예술가들을 불러다 내부를 설계했기 때문에 프레스코화 등으로 장식한 아름다운 성이라고 한다.

'만종'의 무대를 지나치고

그런데 실은 퐁텐블로 숲 북쪽 자락 바르비종 마을에 '밀레의 집'이 있다는 이야기가 더 솔깃했다. 6번 고속도로에서 좌회전을 해서 5분만 달리면, 바르비종이라는 것이다. 그래서 일 드 프랑스 평원이 밀레의 유명한 그림 '이삭 줍는 사람들' 같은 아련한 풍경으로 다가왔다. 겨울이라서 밀이삭은 없을 터이지만, 저녁 종소리가 들릴 법도 한 '만종晩鐘'의 감동적 장면을 혼자서 머리에 떠올려 그려보았다. 파리로 돌아오는 길에 바르비종을 찾기로 했지만, 날이 저물어 허사로 끝나고 말았다.

오후 스케줄에 잡힌 방문지 일 드 프랑스 박물관은 느무르에 있다. 파리로부터 100Km쯤 떨어진 거리였다. 이 박물관 이름에 나오는 일 드 프랑스는 파리를 둘러싼 외곽지역을 말하는 지명이다. 서울로 치면, 수도권 일대의 경기도 같은 지역이다. 그러니까 이 박물관은 파리와 일 드 프랑스 지역에서 나온 선사유물을 소장하고 있다. 평원 한쪽의 숲 속을 차지한 박물관이었는데, 고속도로에서 아주 가까웠다. 건물은 전혀 꾸미지 않은 듯 얼핏 단순해 보였으나, 실은 아름다움이 배어났다.

무표정한 아름다움이라고나 할까, 다른 표현이 없다. 송판 무늬가 그

고속도로에서 가까운 평원 한쪽의 숲 속을 차지한 일 드 프랑스 박물관. 송판 무늬가 그대로 드러난 노출 콘크리트를 주제로 한 이 건물은 전혀 꾸미지 않아 무표정한 아름다운 건물로 다가왔다.

대로 드러난 노출 콘크리트를 주제로 한 직선의 외관에서는 에너지가 넘쳤다. 에너지가 넘치기는 박물관 내부도 마찬가지였다. 우리 일행에 앞서 먼저 박물관으로 들어온 일 드 프랑스 지역 초등학교 어린이들 몇 그룹이 큐레이터 설명에 귀를 기울이고 있었다. 아이들 표정이 참으로 진지했다.

이 박물관은 비록 규모는 크지 않지만, 교육적인 효과를 극대화하기 위해 생각하면서 지은 전시공간이었다. 나무 한 그루에서 바윗돌 한 덩이에 이르기까지 전시공간 창문 밖의 모든 조경물이 유물이나 선사환경先史環境과 조화를 이루었다. 그냥 보기 좋게 꾸민 조경이 아니고, 반드시 유물과 결부시켰다. 그렇듯 세심한 배려는 아이들이 잠깐 옛날로 돌아가 원시생활을 체험하는 공간으로 이어졌다. 이들 어린이는 자신들이 사는 일 드 프랑스 지역의 기층문화基層文化를 일찍부터 터득하고, 그 위에 미래의 프랑스 문화를 창조할 주역들이 아닌가. 그래서 에너지가 넘친다는 말을 서슴지 않고 할 수 있었던 것이다.

뺑스뱅 유적을 주제로 한 박물관

일 드 프랑스 선사박물관이 내세우는 전시 프로젝트의 하나는 후기 구석기시대가 다 저물 무렵인 1만 5000년 전을 앞뒤로 살았던 막달레니안 사람들의 집자리다. 이는 바로 뺑스방 유적이다. 지난 1960년대 초 파리 동남쪽 욘느 강과 합류하는 센느강 계곡에서 발굴되었다. 뺑스방 유적 제1집자리는 지금까지 발굴한 막달레니안 문화기 주거지의 표본으로 회자되고 있다. 한 줄로 나란한 세 개의 화덕이 석기와 동물 뼈에 둘러싸인 채로 발굴되었고, 화덕은 텐트로 이루어진 집자리 사이에 들어앉았다는 것이다.

이 유적은 당시 파리 1대학 교수였던 고고학자 앙드레 르루아 구르앙의 주도로 발굴되었다. 그는 유물분석뿐 아니라, 당시 선사인류의 행동방식을 통해 사고체계思考體系를 연구한 개척자적인 고고학자이기도 했다. 구르앙은 당시 사람들이 잡아먹은 순록의 뼈가 화덕에서 약간 비켜난 자리에 흩어진 채로 발굴되었다는 사실을 우선 눈여겨보았다. 이는 순록의 살코기를 화덕에 둘러앉아 발라먹고, 뼈를 어깨너머로 버렸기 때문인 것으로 해석했다.

센느 강 유역의 뺑스방 유적에서 발굴된 후기 구석기시대의 집자리. 당시 이 유적에 살던 막달레니안 사람들이 먹고 버린 순록의 뼈가 돌연모와 함께 발굴되었다.

그리고 다른 유적들에서처럼 뺑스방에서도 돌연모의 격지들이 화덕 언저리에서 집중적으로 발굴되었다. 그는 이러한 일련의 현상을 추운 계절이면, 대개 불 가에서 일하기를 좋아하는 인간 본능의 성향에서 찾았다. 또 제1집자리에서 많은 유물이 나왔는데, 잠시 동안을 살던 사람들이 유물들을 챙기지 않고 그냥 훌쩍 떠나버린 것이 그 원인이라는 이야기다.

그는 뺑스방 발굴에서 돌연모를 만들 때 떨어진 부스러기 돌의 생김새나 크기 따위를 꼼꼼하게 적어 챙겼다고 한다. 그 때문에 부스러기

일 드 프랑스 박물관에 전시된 순록의 뼈. 후기구석기 시대 이 지역에서는 순록이 많이 잡혔다는 사실이 발굴한 유물을 빌려 입증되었다.

돌을 다시 모아 맞출 수도 있었다. 때로는 빠진 부분도 발견되었지만, 이런 경우는 살던 자리를 옮길 때 가지고 가서 새로운 연모를 만들었을 것으로 추정했다. 어떻든 유적 발굴에 따른 세밀한 기록과 관찰은 당시 사람들이 옮겨 다닌 행동반경을 추적하는 자료로 활용되었다.

어린이와 전문학자가 함께 찾는 전시공간

일 드 프랑스 박물관 창 바깥의 풍경. 나무 한 그루와 돌 한 덩이라도 보기 좋게 꾸민 것이 아니라, 전시 유물과 당시 환경을 맞물려 채웠다.

이 발굴에 끌어들인 여러 가지 기법은 다음에 이루어진 모든 발굴의 교본敎本처럼 쓰일 정도였다. 발굴현장은 스틸과 함께 동영상으로도 모두 촬영되었거니와, 집자리 전체를 틀로 떠서 영구 보존하는 길을 열었다. 뺑스방 유적의 틀은 현재 일 드 프랑스 선사박물관이 마련한 별도의 방에서 상설로 전시하고 있다. 이 뺑스방 유적을 전시하는 방은 일 드 프랑스 선사박물관에서 가장 넓은 공간이었다. 발굴 당시를 기록한 동영상물을 방영하는 공간을 겸하고 있기 때문에 프랑스를 찾는 전문학자들의 발길이 잦다는 것이다.

그러고 보면, 일 드 프랑스 선사박물관은 코흘리개 어린이들로부터 전문학자들까지 모든 계층이 이용하는 전시공간이라 할 수 있다. 어떤 의미에서 뺑스방은 아직 사라지지 않은 유적이다. 지극한 열정을 쏟아 학술적으로 발굴한 유적은 영원할 수도 있다는 교훈을 뺑스방에서 찾아야 하지 않을까. 그래서 뺑스방을 다시 본다.

••22
네안데르탈인의 고향 리에주

유럽의 겨울철 날씨는 퍽이나 불순不順했다. 어저께 오후 한때 일 드 프랑스 벌판에 쏟아져 내렸던 햇볕이 온데간데가 없다. 파리를 떠나 프랑스 북부로 올라갈수록 눈발을 머금은 바람이 세차게 불었다. 북해가 점점 가까워지는 모양이다. 대서양 건너 멕시코 만으로부터 따뜻한 해류가 흘러온다고는 하지만, 겨울철 북해가 아닌가. 프랑스 북부 대평원을 떠밀어내기라도 할 것처럼 차창 바깥 풍세가 요란했다.

북해의 바람을 안고 벨기에로

　오늘 오전 중에는 벨기에 리에주까지 가야 했기 때문에 차는 북풍을 뚫고 계속 달렸다. 프랑스 북부 지방을 종단하는 A1번 고속도로를 거쳐 벨기에 국경으로 다가가자면, 반드시 솜 강을 건너야 했다. 이 솜 강 유역은 구석기 고고학자들이 반드시 관심을 두어야 할 지역이다. 솜 강 언저리에는 초기의 인류가 자주 들어와 살았던 터라, 구석기 유적들이 밀집되었다. 강 유역에는 기나긴 세월을 두고 높낮이가 바뀐 해수면에 밀려 생겨난 계단 모양의 단구段丘가 그대로 남아 있다.

　솜 강 유역에서 가장 오래된 유적 몇몇은 하류의 아베빌에 몰려있다. 약 30만 년 전 혹스니안기보다 이른 시기의 유적들이다. 이들 유적 가운데는 아슐리안이라는 고고학 용어가 유래한 생 다쉘 유적도 포함되었다. 수천 점에 이르는 주먹도끼와 함께 따뜻한 간빙기에 살았던 얼룩말의 일종인 에쿠스 스테노니스 뼈가 나온 유적이다. 솜 강 유역의 유적들은 절대연대絕對年代 측정법이 개발되기 이전의 프랑스 고고학자들에게 상대편년相對編年의 기준이 되었다. 겨울바람이 거세지 않았더라면, 평원은 적막했을지도 모른다. 고속도로를 오가는 자동차 소음과 바람 소리 말고는 차창을 스

세계2차대전 당시 프랑스로 상륙하는 미군 부대. 파리에서 벨기에로 가는 프랑스의 서북 평원은 구석기 고고학자들이 관심을 두는 유적이 밀집했거니와, 역대 전쟁의 격전지로도 유명하다.

치는 도시와 마을들이 마냥 평온해 보였다. 그러나 전쟁의 숱한 광풍이 휩쓸었던 지역이 프랑스 북부의 대평원이다.

서쪽 북해 연안의 덩케르크로부터 동쪽 내륙 깊숙한 베르뎅까지, 또 캉부레로부터 솜 강 건너까지가 온통 전장戰場으로 변했던 적이 있다. 제2차 세계대전 때 일이니까, 벌써 반세기 남짓한 세월이 흘렀다. 제2차 세계대전 때, 독일군에 포위된 영국군과 프랑스군이 철수한 항구로 유명한 덩케르크도 이 지역에 있다. 북해의 항구 덩케르크는 벨기에 국경에서 아주 가깝다. 당시 영국 수상이었던 처칠의 회고록『세계제2차대전』에 따르면, 1940년 5월 27일부터 6월 4일까지 이 항구를 거쳐 33만 8천 여 명의 영·불연합군이 도버 해협을 건넜다는 것이다. 한국전쟁 때 흥남철수가 연상되었다.

전쟁과 오버랩된 구석기유적

세계 최초의 본격적인 탱크전의 격전지도 프랑스 북부에 있다. 군비경쟁에 들어간 열강들이 제1차 세계대전에 탱크를 실전에 배치했고, 마침내 1917년 캉부레 이웃 평원에서 탱크전을 벌였다는 것이다. 또 제2차 세계대전 때 나치 독일은 생 토메르 시 북서쪽에 런던을 겨냥한 V2 미사일 발사기지와 제조공장을 세웠다고 한다. 그래서 오늘의 프랑스 북부 평원을 달리면서, 유적과 전장이 오버랩되는 기묘한 상념에 사로잡혔다.

파리를 벗어나서 타기 시작한 A1번 고속도로를 바꾸어 A2번 고속도로로 들어섰다. 바렌시언을 지나자 바로 벨기에 국경이다. 자동차에 기름을 넣고, 차 한잔을 마신 것 말고는 다른 입국 절차가 뒤따르지 않았

유럽의 명문으로 꼽히는 벨기에의 리에주대학. 고색이 창연한 이 대학은 중세문화가 절정을 이룬 13세기에 개교되었다.

다. 벨기에 남부를 횡단하는 A7번 고속도로를 동쪽으로 달려 리에주에 도착한 것은 정오 무렵이었다. 리에주는 뮤즈 강 연안에 자리한 유럽 유수의 공업중심지라고 한다. 그러나 공업도시라기보다는 고전적 이미지가 물씬한 중세풍의 도시라는 인상을 강하게 받았다.

우리가 방문한 리에주대학 또한 도시와 어울릴 만큼 고색창연했다. 13세기에 세운 유럽의 유서 깊은 대학의 하나라고 한다. 이 대학이 개교할 무렵의 유럽은 도시의 발달과 함께 경제적 변화가 일어난 시기였다. 이에 따라 중세문화가 절정기에 도달하면서, 고딕 건축물들이 도시를 장식했다. 학문적으로는 철학을 비롯한 인문과학과 동방문화의 충격을 받은 자연과학이 새롭게 꽃을 피웠다. 이는 학문과 문화의 전환을 부추겼고, 마침내 유럽 여러 도시가 대학을 태동胎動하게 되었다.

고색창연한 리에주대학

그런 전통을 자랑하는 리에주대학 로비에서 마르셀 오뜨 교수가 우리 일행을 기다렸다. 오늘 워크숍을 함께 열기로 미리 약속한 오뜨 교수는 현재 리에주대학 부설 유럽고고학연구소 소장을 맡고 있다. 네안데르탈 사람을 연구한 세계적인 권위자다. '수양개와 그 이웃들'을 주

제로 열린 단양 국제 학술회의에 참가
한 적도 있다. 그가 네안데르탈 사람
연구에 매달린 까닭을 추측하기는 그
리 어렵지 않았다. 벨기에의 동부 도시
는 네안데르탈 사람과 인연이 깊다. 이
때문에 샤텔펠롱 인더스트리라는 유물
을 남기고, 3만 5천 년 전에 사라진 인
류 네안데르탈 사람을 연구한 까닭도
그 때문일 것이다.

리에주대학 부설 유럽고고학연구소 소장
마르셀 오뜨 교수. 네안데르탈인을 전공
한 그는 고고학 총서인『유럽고고학』을
펴내고 있다.

  리에주에서 네안데르탈 사람의 머리뼈가 발견된 것은 1830년의 일
이다. 벨기에의 박물학자 필리프 샤롤 슈메를링이 그 주인공이다. 그
가 발굴한 어린이 머리뼈 조각은 진짜 태초의 것이었는데도, 거기에 담
긴 깊은 뜻을 지나치고 말았다. 그러니까 1856년 독일 뒤셀도르프 네
안더 계곡에서 나온 사람뼈를 호모네안데르탈렌시스로 학명을 지어 준
1864년보다 앞서 리에주에서 이 인류의 뼈가 처음 발굴되었던 것이다.
  이어 1866년에는 벨기에 다낭 이웃 라놀레트에서도 네안데르탈 사
람의 아래턱뼈가 나왔다. 또 같은 해에 벨기에의 스피에서는 두 사람
몫의 네안데르탈 사람뼈가 발굴되었다. 이 가운데 한 사람 몫의 뼈는
거의 완벽한 형태로 나와 네안데르탈 사람은 머리가 둔한 백치이거나,
조작된 인류라는 여러 억측을 잠재웠다고 한다. 그리고 보면, 벨기에
는 네안데르탈 사람들에게 고향 같은 땅이었는지도 모른다.

네안데르탈인을 전공한 학자

　어떻든 네안데르탈 연구의 권위자 마르셀 오뜨는『유럽고고학』을 100
집 이상 펴낸 집념의 학자다. 리에주대학 총서叢書로 펴내는『유럽고고
학』은 세계 전역에 배포되고 있다. 오뜨 교수는 미리 예약한 학교 근처
의 중국 레스토랑에서 오찬을 베풀었다. 그리고 오후에는 고고학연구
소 세미나실에서 워크숍을 열었다. 고고학을 전공하는 대학원생들이
참여한 워크숍은 벨기에서 처음으로 한국 중원지역의 구석기문화를 소
개하는 시간이 되었다. 질문이 쏟아졌는데, 주로 이융조 교수와 박선
주 교수가 답변에 나섰다.

　땅거미가 질 무렵 리에주를 떠나 파리로 돌아왔다. 이제 공식 스케줄
은 모두 끝났다. 늦게 든 저녁은 모처럼 푸짐했다. 왜냐하면, 호텔에서

리에주대학 고고학연구소에서 열린 중원지역 구석기문화 워크숍. 이 워크숍에 참석한 리에주대학 대
학원생들은 한국의 구석기에 관심을 보였다.

가까운 한국식당에서 김치찌개를 배불리 들었기 때문이다. 식당주인이 나와는 동갑내기라고 해서 포도주 서너 병을 그냥 돌리는 바람에 파리의 밤 풍경까지도 얼근해 보였다.

옛날 신문에는 기사가 좀 늦기라도 하면, 반드시 '연착延着'이라는 사연을 밝혔다. 이 시리즈야말로 연착의 르포가 분명하다. 그러나 한국 저널리스트가 처음으로 유럽의 구석기유적 르포를 본격적으로 다루었다는 뿌듯한 마음만큼은 버리지 못하고 있다.

오늘의 이슬람 국가 파키스탄을
먼저 차지한 종교는 불교다.
그러나 지금 파키스탄에는 종교로서의 불교가
사라진지 오래다.

II

인류문명과 불교미술이
공존하는
열사의땅파키스탄

••1
대단위 세계문화유산 탁실라

오늘의 이슬람 국가 파키스탄을 먼저 차지한 종교는 불교다. 그러나 지금 파키스탄에는 불교가 종교로 존재하지 않는다. 다만 불교의 흔적이 거대한 유적군으로 여기저기 남았을 뿐이다. 불교미술사의 첫머리를 찬란하게 장식한 이들 유적은 인류의 보편적 문화유산으로 보호받고 있다.

그 하나가 펀자브 주 라발핀디 지방의 탁실라Taxila다. 수도 이슬라마바드를 출발한 승용차가 채 한 시간을 못달려 탁실라에 도착했다. 탁실라박물관으로부터 탁실라 전역이 유네스코가 선포한 세계문화유산이라는 설명을 듣고 나서 그만 기가 질려버렸다. 그러니까 유네스코는 탁실라를 온통 한 덩어리로 싸잡아 대단위 세계문화유산으로 선포한 것이다.

산악이 동·서·북을 감싸고 돌아가다 남쪽을 터놓아 마치 삼태기처럼 생긴 고원지대에 자리한 탁실라. 동쪽 사르다 산과 북쪽 자울리안 산 사이 계곡에서 발원한 개울물이 제법 깊었다. 그 산자락과 계곡 어디에도 이름이 붙지 않은 자리가 없다. 그리고 비르마운드를 비롯, 자울리안, 모라모라드, 시루스크, 잔디알, 시르캅, 사르아이코라, 다르마라지카 같은 숱한 유적을 품에 끌어안았다.

II. 인류문명과 불교미술이 공존하는 열사의땅 파키스탄 ·· **141**

기원전 2세기에 건설한 도시

유서 깊은 탁실라의 역사를 후세에 제대로 증명한 유적은 시르캅이다. 기원전BC 2세기쯤에 건설되어 기원후까지 명맥을 유지한 이 도시 유적은 탁실라 제2의 도시였다고 한다. 이보다 훨씬 앞선 도시유적 비르마운드가 있으나, 고고학적으로 역사를 뒷받침하기에는 좀 미흡했다. 그러나 시르캅은 영국인 고고학자였던 존 마샬 경이 옛사람들의 생활터전을 땅속에서 찾아내는 고고학 발굴조사에서 도시의 주인이 적

오늘의 아프카니스탄과 파키스탄에 처음 도시를 건설한 그리스인들이 기원전 2세기에 처음 터를 닦았던 시르캅 유적. 이 도시 유적에서는 불교미술을 대동시킨 여러 가지 유물이 출토되었다(가회박물관 윤열수 관장 제공).

어도 다섯 차례 이상 바뀐 사실을 밝혀냈다.

시르캅은 탁실라박물관에서 그리 멀지 않았다. 자두 과수원을 낀 마을 길을 얼마간 달려 시르캅에 다다랐다. 두어 사람 어른 키를 재려 하는 듯한 성곽이 길을 막았다. 오늘날도 출입구로 사용하는 성문은 서쪽에 나 있다. 그래서 성안의 간선도로는 서쪽에서 동쪽으로 길게 연결되었다. 어림잡아 너비가 20여 m나 되어 보이는 도로가 시원하게 도시유적 한복판을 지나갔다.

이 도시를 처음 세웠던 사람들은 그리스인이었다. 오늘의 아프가니스탄과 파키스탄 서쪽의 박트리아왕국을 식민지로 거느렸던 그리스인들이 기원전 2세기 전기前期에 건설했다. 도시는 바둑판 모양으로 질서정연하게 구획되었다. 지금도 계속 고고학적인 발굴이 진행되어 시르캅의 도시규모를 당장은 정확히 알 수는 없다. 현재 드러난 도시규모는 대략 가로 세로의 길이가 각각 1.7㎞이나, 발굴구역이 점점 넓어지는 추세다.

이 고대도시의 주인은 여러 차례나 바뀌었다는 사실은 그동안 고고발굴 과정에 출토된 갖가지 유물이 증거한다. 기원전 150~130년쯤, 카불 분지와 펀잡 지방을 지배한 메난도로스의 동화銅貨가 그 가운데 하나일 것이다. 동화 앞쪽에는 그리스 문자와 함께 짧은 머리에 끈을 동여맨 메난도로스 옆모습이 보인다. 그리고 뒷면에는 팔라스 아테네 여신의 입상을 새겨 그리스의 통치 시대를 반영했다.

이 밖에 기원전 1세를 살았던 것으로 보이는 그리스계 최후의 지배자인 헤르마이오스의 금화金貨도 시르캅 유적에서 출토되었다. 헤르마이오스는 샤카족과 파르티아계 곤도파레스가 득세하자, 마침내 세력을 잃게 되어 간다라 지방의 그리스인 지배가 막을 내렸다는 것이다. 이어 쿠샨 왕조를 가장 왕성한 왕국으로 끌어올린 카니슈카의 금화도 탁실라 지방에서 출토되었다. 카니슈카의 재위 연대는 서기 78년과 서기 278년이라는 두 가지 설이 나왔지만, 어떻든 이 무렵에 만든 화폐에도 그리스인이 들어갔다는 사실을

시르캅 유적에서 출토된 메난도로스의 동화. 동화 앞쪽에는 머리끈을 동여맨 메난도로스의 얼굴과 함께 그리스어가 보여 이 지역 최초의 지배자는 그리스인임을 증거한다. 뒤쪽에는 팔라스 아테네 여신의 입상을 새겨 이를 더욱 뒷받침했다.

불상이 출현하기 이전, 초기불교에서 예배의 대상이었던 스투파. 시르캅 유적의 스투파는 그리 크지는 않았다.

눈여겨볼 필요가 있다.

　도시유적 한복판 간선도로 양쪽엔 네모 반듯반듯하게 돌을 쌓아올려 지었던 집터가 즐비했다. 규모가 좀 작은 일반시민들의 주거용 집자리 사이로 터를 보다 넓게 잡은 차이티야당Caitya堂 자리가 보였다. 초기불교에서 스투파(불탑)는 예배의 대상이었다. 그래서 예배장소에는 스투파를 세웠다. 그런 탓에 차이티야당은 넓을 수 밖에 없었다. 도시유적 안의 스투파는 다른 야외 스투파처럼 크지 않았다. 그저 자그마하게 만들어 앙징스러운 유적으로 남았다.

독수리 머리가 보이는 불탑의 기단

　시르캅에서 미술사적으로 가장 중요한 유적은 머리 두 개가 달린 독수리가 보이는 쌍두취불탑雙頭鷲佛塔이다. 이 불탑의 기단基壇은 중앙계단을 사이에 두고, 좌우 정면에 코린트식 둥근 기둥과 네모 기둥을 세워 벽 공간을 각각 세 등분한 형태였다. 그리고 좌우 양쪽 공간에다 그리스, 서아시아, 서남아시아풍風 건물출입구 모양의 닫집龕을 만들어 장식해놓았다. 두 머리를 가진 쌍두독수리는 서아시아풍의 출입구 위에 조각되었다.

　그러고 보면 쌍두취불탑에는 그리스, 서아시아, 서남아시아라는 모티브가 서로 다른 문화가 혼재한 것이다. 이들 세 지역의 문화가 만나 만들어낸 쌍두취불탑은 불분명했던 탁실라역사를 그런대로 해명하는 데 도움을 주었다. 특히 쌍두독수리는 스키타이의 일족인 샤카족의 심벌이었다. 그래서 쌍두취불탑을 세운 시기는 샤카족시대 후기부터 파르티아족(페르시아족)시대 전기로 추정되었다. 대개 기원후 1세기 전

그리스를 비롯 서아시아와 서남아시아라는 모티브가 서로 다른 문화가 혼재한 쌍두취불탑. 기원후 1세기 전기로부터 중기에 이르는 시기에 조성된 것으로 보인다(가회박물관 윤열수 관장 제공).

기로부터 중기中期에 이르는 시기다.

탁실라를 답사하는 동안 매우 주목할만한 시기는 AD 1세기였다. 불교미술이 처음으로 출현한 시기였던 것이다. 이전에는 스투파가 예배 대상이었기 때문에 오늘날 불교미술 범주에 들어가는 불상은 전혀 조성되지 않았다. 이는 경전에 근거했다는 생각이 들었다.『장아함경』이 기록한 "이 몸이 명을 다한 뒤에는 나를 볼 수 없다"는 말은 오랜 세월을 두고 불상 조성을 가로막았을 것이다.

간다라 미술의 태동

어떻든 불교미술이 탁실라에서 처음 머리를 들기 시작했다. 이른바 간다라미술이 출현하는 것이다. 간다라미술은 파키스탄 북부 일대와 아프가니스탄 일부를 포함한 지역이 중심축을 이루었다. 이들 지역은 실크로드에서 인도 내륙으로 통하는 길목이라서 늘 이민족의 침입이 잦았다. 박트리아족과 박트리아에 살던 그리스인의 침략과 더불어 샤카족 지배와 파르티아족 시대에 이어 쿠샨왕조 시대가 번갈아 거쳐 갔다.

오늘날 시르캅 유적에서 가장 뚜렷한 발자취를 남긴 사람들은 박트리아를 식민지로 삼았던 그리스인이다. 시르캅에서 출토된 메난도로스의 동화(銅貨·카라치박물관 소장) 앞쪽에는 머리끈을 동여맨 주인공의 얼굴과 함께 그리스어 새김글씨가 보인다. 메난도로스는 기원전 150~130년쯤, 오늘날 페샤와르 지방의 지배자였다. 그리고 시르캅에서 출토된 또 다른 유물인 화장용 접시(化粧皿·카라치박물관 소장)에도 기원전 1세기쯤의 헬레니즘 요소가 물씬 풍긴다. 이 그릇에는 여자의 옷인 히마티온을 잡아당겨 벗기려는 남자상과 이에 저항하는 여자상이 돋을새김 되었다. 아폴로와 디프네가 등장하는 그리스 신화에서 따온 그림으로 보인다.

시르캅에서 출토된 화장용 접시에는 여자의 옷인 히마티를 잡아당기는 남자상과 이에 저항하는 여자상이 돋을새김 되어 아폴로와 디프네가 등장하는 그리스 신화에서 따온 것이 분명하다.

그런데 불교미술은 역시 헬레니즘 양식을 짙게 받아들였다. 불교미술이 출현은 했지만, 불상이 곧바로 나타난 것은 아니다. 부처가 없는 불교미술로 먼저 출발했던 것이다. 이를테면 시르캅 도시유적 출토 릴리프 '헌화공양도獻花供養圖'에는 꽃을 받을 대상은 없는 데, 꽃을 주기 위해 연꽃 다발을 든 사람들만이 포즈를 취하고 있다.

그 이후 부처가 대중들과 더불어 불전도佛傳圖에 등장했지만, 부처와 대중과의 차별화差別化는 그다음 단계에 이루어졌다. 부처의 키를 대중들보다 크게 한다든가, 자리를 구별하는 방법으로 차별화를 시도한 여러 가지 릴리프가 시르캅유적 땅속에서 나왔다.

●●2
거대한 스투파와 승가람마 자울리안

아주 드넓은 고원지대인 탁실라의 옛 이름은 탁사실라Taksasila다. 탁사는 석기를 만들 때 쓰는 돌이고, 실라는 도시를 의미했다. 굳이 의역意譯하면 '돌의 도시'라고나 할까. 고유명사 탁사실라는 1918년에 발굴한 은판銀板의 새김글씨銘文에서 확인되었다. 은판에는 다르마라지카Dharmarjika라는 새김글씨도 함께 나와 탁실라 근본을 밝히는 데 도움을 주었다.

탁실라의 유명한 스투파 유적 가운데 하나인 다르마라지카는 은판 새김글씨에 나오는 고유명사 그대로다. 은판은 오늘날 다르마라지카로 부르는 스투파 유적에서 실제 출토되었다. 유적은 탁실라박물관 동쪽 냇물 건너에 있다. 스투파 다르마라지카는 아주 거대했다. 두 층의

탁실라의 스투파 유적 가운데 하나인 다르마라지카의 스케치. 마우리아 왕조의 아쇼카왕 시대의 스투파로 보이는 다르마라지카는 '왕의 사원'이라는 뜻이라고 한다. 다르마라지카라는 새김글씨 은판이 이 유적에서 나왔다(황기훈 그림).

원형돌기단圓形石基壇 위에 쌓아올린 스투파는 우리나라 경주 천마총天馬塚만큼이나 크고 높아서 야산처럼 보였다.

벌집처럼 촘촘한 승방

스투파 가장자리 공간을 좀 비워두고 지었던 예불당禮佛堂은 지금 터만 남아있다. 스투파 원둘레 바깥을 따라 빙 돌아간 예불당 건물터들은 아직도 정연했다. 그 잔영殘影에 불과한 것이었지만, 스투파 뒤뜰에는 승려들이 살았던 돌담벽 승방僧房들이 벌집마냥 들어앉았다. 촘촘하게 들어앉은 승방들을 몇 차례나 손가락을 펴고접어 헤아리다 끝내는 그만두었다. 그까짓 폐허를 헤아려 무엇하랴는 생각이 들었다. 불교가 융성했던 시절, 독경 소리가 요란했을 법한 다르마라지카에는 정적이 흘렀다.

다르마라지카는 마우리아왕조王朝의 아쇼카왕시대 유적으로 보고 있다. 그의 치세기(治世期·BC 269~232년)에 부처의 사리舍利를 봉안한 스투파 1만 8000기를 쌓았다고 한다. 물론 전설적 기록이기는 하나, 다르마라지카에서 아쇼카왕의 불심佛心을 다시 보았다. 다르마라지카를 문자대로 해석하면 '왕의 사원'이다. 과연 왕의 사원다운 다르마라지카는 탁실라의 또 다른 스투파 유적 쿠나라스 등과 더불어 그 위용을 자랑했다.

탁실라고원의 불교역사는 퍽 오래되었다. 이는 자울리안산 높은 언덕에서 오랜 세월을 버티어온 사원유적寺院遺蹟 자울리안 역사를 들추어 보면 알 수 있다. 마케도니아의 대왕 알렉산더가 그토록 깊고 넓은 인더스 강을 기어이 건너 자울리안을 공략하지 않았던가. 서력기원西曆紀元이 아직 멀기만 했던 기원전 325년쯤의 일이다. 아쇼카왕 이전에 벌써 불교가 뿌리를 내리기 시작했던 것이다.

올리브나무가 무성한 자울리안

올리브나무가 무성한 계곡을 따라 한참을 올라갔다. 그러고 나서 만난 돌계단을 다시 올라 자울리안에 다다랐다. 절집 승가람마僧伽藍摩가 분명한데, 여기 사람들은 자울리안대학大學이라 부르기를 주저하지 않았다. 그리고 인도 나란다에 비유했다. 불교 교리나 경전은 물론 다른 여러 학문을 가르친 교육기관이 자울리안이라는 것이다. 그래서 정복자 알렉산더는 점성술, 수학, 의학 따위의 학문적 지식과 심지어는 병법兵法까지 자울리안에서 빼내 갔다.

돌을 쌓아 만든 석조가람인 산등성의 자울리
안. 메인 스투파를 중심으로 키 작은 스투파
가 옹기종기 들어선 이 가람을 현지인들은 자
울리안대학으로 부르기를 주저하지 않았다.

한양대 배기동 교수와 필자가 자울리안 마당에 섰다.

　자울리안은 돌을 쌓아 만든
석조건축물 가람이다. 가람 자
리가 산등성의 둔덕이라서 그런
지, 앞뜰은 옹색했다. 몇 걸음을
걸어서 뜰을 비켜서자, 스투파
를 봉안한 불당이 나왔다. 메인 스투파를 중심으로 키 작은 스투파들
이 옹기종기 들러리를 섰다. 진흙 반죽에다 작은 불상이 들어갈 감(龕)을
조각하여 말린 뒤 대개 세 층으로 쌓아올린 스투파는 걸작의 예술품이
었다.

1세기 이후에 지은 것으로 추정되는 자울리안 유적의 불상들은 거의가 망가져 온전한 작품은 찾아볼 수가 없다. 불교 교리나 경전은 물론 점성술과 천문학 따위를 공부한 교육기관으로 알려진 자울리안을 침공한 알렉산더는 갖가지 학문을 빼내 갔다고 한다.

불당에서 승방을 향한 골목 한쪽으로 작은 방들이 따라 붙었다. 석굴이 연상되는 방에 불상이 띄엄띄엄 좌정坐定했다. 홀로 앉은 이들 불상은 단독불상單獨佛像이 출현한 1세기 말 이후 작품일 것이다. 그러나 온전한 불상이 거의 없다. 어떤 테라코타 불상 하나는 머리가 달아났고, 배꼽도 뚫렸다. 성치 않은 손가락을 집어넣으면, 깨끗이 낫는다는 속설俗說때문에 배꼽이 수난을 당했다는 것이다. 오늘날 그리스정교회가 어떤 소망을 기도할 때면, 성소聖所벽에 뚫어 놓는 구멍에 손가락을 집어넣는 습속習俗이 연상되었다. 그래서 혼자 피식 웃었지만, 비록 목이 달아난 부처일지라도 이타행利他行만큼은 잊지 않은 모양이다.

『왕오천축국전往五天竺國傳』을 쓴 신라의 승려 혜초(慧超. AD 704~787년)도 그 옛날 자울리안을 다녀갔다. 이 책에 기록한 탁사국은 탁사실라일 것이다. 그는 책에 쓰기를 "탁사국에 가면 절도 많고, 승려도 많다"고 했다. 구도여행求道旅行에 지쳤던 혜초가 하룻밤 발을 뻗고 누웠을 승방도 자울리안 어디인가에 있었을 것이다.

해거름에 탁실라박물관 근처 레스트하우스로 돌아왔다. 저녁 식사 카레라이스가 나오기에 앞서 요구르트와 쌀가루를 섞어 만든 죽 키르가 식탁에 올랐다. 고타마 싯달다가 고행苦行에서 나오자, 한 처녀가 그에게 바쳤다는 유미죽乳米粥이 연상되었다. 『대장엄경大莊嚴經』에 나오는 이 이야기를 릴리프로 표현한 탁실라 출토품 불전도佛傳圖가 탁실라박물관에 있었다.

고대유적이 광범위하게 널린 탁실라는 파키스탄 라발핀디 현에 속한다. 수도 이슬라마바드로부터는 40km이고, 현 소재지 라발핀디에서는 35km가 떨어졌다. 고대의 불교유적과

자울리안 유적에서 출토된 경전 조각. 5세기 굽타시대에 브라흐미 문자로 자작나무 껍질에 쓴 이 경전은 자울리안 유적의 승방에서 나왔다.

도시유적 말고도 국립탁실라박물관이 있기 때문에 하루일정으로 돌아보기가 어렵다. 그래서 탁실라에서 숙박하든가, 아니면 이슬라마바드를 거점으로 삼아 유적을 찾아보는 것이 좋다. 탁실라박물관 바로 앞에 레스트 하우스가 있으나 소규모다. 이런 현지사정을 고려해서 이슬라마바드에 묵는 사람이 많았다.

••3
정복자의 말발굽 속에 뿌리 내린 불교미술

간다라Gandhara는 아주 일찍 역사에 등장했다. 아키메네스왕조 때(BC 559~330년) 페르시아의 속주屬州로 처음 역사에 기록되었다. 오늘날 파키스탄 북서변경 주北西邊境 州 페샤와르 현縣에 해당하는 지역이 옛 간다라 땅이다. 역사 속에 명멸한 정복자들의 말발굽 소리가 그칠 날 없이 이어진 지역이기도 하다. 그래도 간다라에서는 불교와 불교미술이 오랫동안 꽃피었다.

그 간다라에는 불교 유적이 곳곳에 분포되었다. 대표적 유적의 하나가 탁티바히Takht-i-Bahi다. 가람 유적伽藍 遺蹟인 탁티바히는 페샤와르 현 마르단에 있다. 페샤와르 시에서 탁티바히까지는 꽤나 먼 거리다. 난마亂麻처럼 얽힌 카불 강과 스와트 강줄기를 몇 차례 건너서 간다라의 첫 수도였던 챠르사다를 지나쳤다. 논스톱으로 두 시간을 좀 넘게 달렸을까, 대평원 한복판에 우뚝한 산자락 하나가 불쑥 시야로 들어왔다.

등대 같은 가람 탁티바히

탁티바히산이다. 산은 마치 망망대해茫茫大海에서 만난 등대 같았다. 오랜 세월을 두고 탁발托鉢로 유랑한 당시 구도승求道僧들에게 산은 실제 등 대 노릇을 했을 것이다. 풀 한 포기가 눈에 띄지 않는 바위너설의 악산인데, 가람이 매달린 듯 벼랑에 붙었다. 아래서 저만큼 올려다본 가람 탁티바히는 성채城砦 그것이었다. 그 많은 정복자가 일으킨 난

오늘날 파키스탄 북서 변경 주 페샤와르 현에 해당하는 지역인 옛 간다라 땅에 자리한 탁티바히 유적. 오랜 세월을 두고, 탁발로 유랑한 당시 구도승들에게는 망망대해서 만난 등대처럼 다가왔을 이 사원은 역사 속에 명멸한 정복자들의 말밥굽 소리가 그칠 날이 없었다.

리를 피해서 일부러 가파른 바위산을 택했으리라. 오르는 길이 무척이나 험했다.

가람 입구에 다다랐을 때 기다리던 경비원이 거수경례로 맞아주었다. 긴 치맛자락처럼 정강이까지 치렁치렁 내려온 고유의상 카미즈 차림의 경비원은 허리에다 넓은 가죽 벨트를 맸다. 벨트에 권총을 매달지 않았을 뿐, 어떤 제복 같은 느낌이 와 닿았다. 유적 경비원을 따라 여러 개의 스투파가 좌정한 뜰을 지나서, 경내에 단 한 그루밖에 없는 보리수나무 그늘에서 더위를 잠시 날렸다.

탁티바히 가람유적은 기원후 100년쯤부터 터를 잡아나갔다. 그리고 나서 기원후 6세기까지 모두 4단계에 걸쳐 가람을 조성하는 동안도 파괴와 건설이 거듭되었다. 탁티바히 산은 전체가 온통 돌이다. 그래서 가람의 모든 건조물은 산에 널린 운모편암雲母片岩을 건축 자재로 축조

되었다. 가람은 충서層序관계가 분명하게 나타나 블록을 가늠하는 데 별
어려움은 없었다.

중원을 중심으로 승방을 짓다

유적의 단면은 대체로 凹꼴을 이루었다. 그런 단면을 기반으로 불교
의 기본 건축물인 스투파와 불당佛堂에 이어 승원僧院을 지었다. 스투파
는 네모꼴 기단基壇 위에 탑 몸체를 쌓아올리는 형식이었는데, 애석하
게도 기단만 남아있다. 승원의 경우에는 가운데 뜰 중정中庭을 두고, 둘
레에 승방僧房을 가지런히 배치했다. 이 같은 승원 축조양식은 간다라
지방에서 처음 나타나 인도 내륙으로 전파되었다.

간다라 불교의 요람임을 증거하는 불상이 탁
티바히 한쪽의 닫집을 지키고 있다. 이 지역
불상 모두가 그러한 것처럼 오른손이 잘린
입상이 외롭다.

가람 입구를 들어서면, 스투파 기
단들이 늘어선 좁은 뜰이 나왔다. 凹
꼴 단면에서 보이는 오목한 부분이
바로 뜰이다. 뜰이 시작되는 오른쪽
(북쪽)으로 불상을 봉안했던 닫집龕
室들이 바싹 달라붙었다. 모두 12개
에 이르는 닫집을 지나치는 동안, 불
상 한 두어 구具가 겨우 눈에 띄었다.
그나마 머리가 아니면 팔이 떨어져
나간 불상뿐이다. 가람 어디에서도
몸이 성한 불상을 만나지 못했다.

간다라 불교유적은 일찍 파괴되었
다. 당唐나라 승려 현장玄奘의 구도여

행기求道旅行記인『대당서역기大唐西域記』를 보면, 7세기 전반에 건태국健馱國으로 불렸던 간다라 이야기가 나온다. 현장은 이 책에다 "승가람은 1,000여 군데에 있으나, 모두 부서진 채 방치되었다"고 적었다. 동서 1,000리, 남북 800리의 간다라를 여행하면서 적었다는 현장의 기록에서 탁티바히의 퇴락頹落을 간접적으로 확인할 수 있다.

후원자 박트리아 왕

그리스 식민제국植民帝國 박트리아의 왕 맨안더(재위 BC 155~130년)의 후광後光을 업고, 또 쿠샨왕조의 카니쉬칸(재위 AD 78~128년)을 후원자로 전성기를 맞았던 탁티바히는 겨우 600여 년 동안 가람을 지켰다. 지금 탁티바히는 적막했다. 탁티바히라는 말은 '바위 속의 샘'이라는 뜻이다. 그래서인지 유적 경비원에게 청해서 얻어 마신 양재기 물맛이 무척이나 시원했다.

이 가람의 대탑大塔 메인 스투파는 입구에서 곧바로 만난 뜰 왼쪽(남쪽)에 있었다. 가장 높은 자리를 차지했다. 메인 스투파가 자리한 마당 가장자리에다 여러 칸의 닫집을 ㄷ자꼴로 앉혔다. 닫집의 지붕은 독특했다. 네모꼴 지붕을 돌로 올리면서 모서리를 차츰 죄어가는 방식으로 둥글게 쌓았다. 그리고 지붕 한가운데에 원심圓心의 구조물을 도드라지게 덧쌓았다. 이들 닫집 안에서도 여전히 불상이 보이지 않았다.

승려들이 머물렀던 승원은 이 가람 북쪽 블록에 있다. 메인 스투파가 있는 마당을 내려와 입구 뜰을 건너서 계단을 올랐다. 마당 중간을 비워두고 ㅁ자형으로 빙 둘러 지은 승방들이 촘촘히 박혔다. 경전을 외는 소리가 두런두런했을 승방은 지붕조차 없다. 지난 먼 옛날 불교를 그토록 보호했던 왕조 모두가 역사 속에 묻혔으니, 누가 중창重創을 했으랴. 지금 유네스코가 나서 더 허물어지지 않게 보살피는 것만도 다행한 일인지 모른다.

구도승들의 고행苦行 현장이었던 순행 공간은 정오가 가까운 한낮에 찾았다. 가람 입구에서 시작한 뜰을 거쳐 서쪽 마당 끝에서 돌계단을 따라 내려갔을 때, 어두컴컴한 터널이 나왔다. 돌을 맞조여 쌓은 천정天井이 아치꼴을 이룬 터널은 꽤 길었다. 터널 오른쪽으로 여러 개의 작은 승방이 붙어있다는 사실은 아주 뒤늦게 알아차렸다. 인공의 토굴土窟이었던 것이다.

토굴의 환경은 감방監房보다 열악했다. 승려들이 고행과 명상으로 은둔隱遁했을 토굴에는 박쥐떼만 득시글거렸다. 세월이 무상無常했다. 생겨나고 없어지는 생멸生滅에 집착하지 않았던 탓일까, 파키스탄에서 불교가 사라진 지는 오래다. 제대로 된 불상 하나를 만나지 못하고, 탁티바히를 돌아서야 했던 까닭도 지금은 불교가 존재하지 않는 땅에서 만난 불교유적지였기 때문일 것이다.

간다라 지척에는 스와트가

페샤와르에 머무는 동안 하루를 스와트 답사에 할애했다. 여러 갈래의 카불 강을 숨바꼭질이나 하는 것처럼 건넜다. 그리고 큰 산을 넘어 어렵사리 스와트박물관을 찾았다. 불상을 처음 짓기 시작한 간다라가 지척인 스와트는 쿠산왕조가 번영을 누린 시기부터 불교가 한껏 꽃을 피웠던 8세기까지만 명맥을 이었다. 스와트박물관에는 상설 전시장보다 불교유적에서 마구잡이로 떼어 해외로 반출하려다 압수된 유물이 더 많았다. 우리가 놀라운 표정을 지었지만, 박물관 큐레이터는 누구의 소행인지를 끝내 밝히지 않았다.

파키스탄의 불교유적 탐방은 사실상 스와트박물관에서 끝을 맺었다. 유적이 밀집되었다는 스와트 계곡을 보고 싶었지만, 고고·박물관국 관리의 만류로 뜻을 접어버렸다. 탈레반으로부터 해코지를 당할지도 모른다는 이유 때문이었는 데, 섭섭하기 짝이 없었다. 봄이면 살구꽃이 흐드러지게 핀다는 카라코람 산맥 아랫동네인 훈자를 방문하는 당초의 스케줄도 덩달아 취소되었다.

••4
인더스문명의 꽃 모헨조다로의 감동

인더스문명의 꽃이라 일컫는 모헨조다로는 파키스탄 신드지방 라르카나에 자리했다. 카라치에서 이른 아침 비행기를 타고 신드를 우회하여 2시간 만에 모헨조다로 공항에 도착했을 때, 황토지대에는 벌써 불볕이 깔렸다. 그래서 메마른 문명의 언덕 모헨조다로는 말 그대로 죽음의 둔덕처럼 보였다.

비행장에서는 4~5㎞쯤은 될까. 그리 멀지는 않았다. 모헨조다로 초입의 요새유적要塞遺蹟은 약간 경사진 비탈에 흙을 돋우어 만든 인공언덕 기슭을 깔고 앉았다. 작열하는 불볕을 이기지 못하고 고운 가루로 바스러진 황토흙과 벽돌이 어울린 모헨조다로의 색깔은 온통 붉었다. 인

더스 강이 범람하면서 밀어붙인 황토흙으로 벽돌을 구워 건설한 모헨
조다로는 애초부터도 붉은색 도시였다.

황토 언덕의 가시나무 그늘

그 요새유적 어귀에 모질게 자란 가시나무 한그루가 무척이나 반가
웠다. 신드말로 간디라라는 가시나무는 그런대로 불볕을 가려주었으
나, 유적으로 올라가는 가파른 길이 곧 시작되었다. 높이 21m에 지나
지 않는 인공언덕의 벽돌계단이 그악스러운 더위로 해서 코밑으로 바
싹 다가왔다. 그리고 정상에 올라 진흙과 벽돌을 섞어 만든 거대한 탑
파(塔婆·스투파)를 만났다.

진흙과 벽돌을 섞어 쌓은 모헨조다로 언덕 위의 팝파. 이 유적을 처음 조사한 영국의 고고학자 베너
도 모헨조다로를 불교 유적으로 착각할 정도였다고 한다.

요새유적 정상의 탑파는 모
헨조다로를 얼핏 불교유적으
로 착각하기 십상이었다. 1922
년 이 유적을 처음 조사했던 영
국 고고학자 배너지도 모헨조
다로를 불교유적으로 보고 탑
파 주변을 발굴했을 정도였으
니까…. 실제 서기 200년쯤 쿠
샨왕조 시대의 동전이 나오기

모헨조다로 탑파 근처에서 나온 인장. 진흙에 동물
을 새겨 구운 이 인장은 모헨조다로가 인더스 문명
유적이라는 사실을 입증했다.

는 했다. 그러나 탑파 주변을 더 깊이 파고들어 가서 생전 보지 못했던
인장 한 점을 발굴해냈다. 그 인장은 바로 세기적 유물이었다. 이는 모
헨조다로가 인더스문명 유적이라는 사실을 처음으로 제공한 단서가 되
었던 것이다.

모헨조다로는 기원전 2500~1700년까지 800년 동안 번영을 누렸던
도시다. 그러니까 요새유적의 탑파는 모헨조다로가 멸망한 이후 1천
900여 년이 지나고 나서 파괴된 기원전 유적지 위에 덧대어 쌓아올린
불교유적이었다. 어떻든 모헨조다로 사람들은 다른 세계가 거의 신석
기시대를 살 무렵에 계획된 도시를 건설했다. 모든 정황으로 미루어 도
시 면적은 어림잡아 4천 800여㎢를 웃돌았을 것으로 보고 있다.

요새 복판에 자리한 대욕탕

오늘날 모헨조다로 유적은 편의상 네 블록으로 나누어 블록마다 고
유부호를 붙였다. 블록의 부호는 발굴자들 이름에서 약자를 따다 만든

것인데, 요새유적은 SD구역으로 되어있다. 인공의 언덕, 다시 말하면 토루土壘가 있기 때문에 요새로 불리는 이 유적은 도시의 중핵中核이라 할 수 있다. 정상에 올라서면, 동남과 동북쪽으로 펼쳐진 주변 도시유적이 한눈에 들어왔다. 요새유적(SD구역)에는 아주 중요한 건물들이 들어섰다. 중요한 건물은 큰 욕조를 갖춘 대욕탕이다. 길이 12m, 너비 6.9m, 깊이 2.4m의 벽돌 탱크가 설치되었다. 욕조 바닥 벽돌의 가장자리를 석고로 모르타르한 대욕탕은 방수처리가 완벽했다. 욕조의 물은 세 개의 우물로부터 공급받는 상수도 시설과 물을 빼내 흘려보내는 배수 및 하수도 시설을 여법하게 갖추었다. 대욕탕에서 조금 떨어진 북쪽에는 작은 욕조가 딸린 여러 개의 방이 따로 있었다고 한다. 깨끗한 물을 늘상 공급받아 몸을 청결하게 가꾼 성직자들의 전용공간이었다.

모헨조다로 요새유적(SD구역)가운데 중요한 구조물로 꼽히는 대욕탕. 길이 12m, 너비 6.9m, 깊이 2.4m의 벽돌 물탱크로 이루어진 이 욕탕은 성직자들의 전용 시설로 추정하고 있다.

대욕조를 돌아보고 나서 눈길을 끄는 건물터 하나가 골목 건너에서 기다렸다. 네 개의 통로가 난 건물 안에는 벽돌 스무남은 장씩을 포개 쌓은 주춧대가 늘어섰다. 그 주춧대는 지붕 버팀기둥 자리였을 법한데, 건물 안 홀 넓이는 26㎡를 헤아렸다. 고고학자나 문명사

文明史에 관심을 둔 전문가들은 이 건물을 종교집회를 위한 성소聖所로 보았다. 이 성소건물은 모헨조다로의 다른 블록 DK지역에서 발굴한 족장의 저택과 함께 도시사회都市社會의 통치 기능과 체제를 가늠할 수 있는 유적이기도 했다.

석수를 얻기 위해 만든 모헨조다로의 우물. 우물을 파고 벽돌을 원형으로 쌓은 모헨조다로의 우물 시설은 700여 군데에 이른다.

모헨조다로를 들른 사람이라면, 누구나 위대한 도시라는 사실을 느낄 것이다. 그까짓 벽돌을 쌓아 건설한 도시가 별 대수로우냐고 생각하는 사람도 더러 있겠지만, 기원전 2500년쯤에 세운 도시계획에 따라 완벽한 도시를 건설했다는 점을 눈여겨볼 필요가 있다. 왜냐하면, 모헨조다로 사람들 말고 다른 많은 종족은 기껏해야 움집 정도를 짓고 살던 시대가 아니었든가. 요새유적(SD구역)과 그 밑의 도시유적 DK구역, 노동자 거주유적 HR구역 등이 기능에 따라 배치되었다.

도시 전체가 붉은 벽돌집

이들 구역의 모든 건물은 진흙을 구워 만든 붉은색 벽돌로 지었다. 그리고 우물을 파고 원형으로 벽돌을 가지런히 쌓아 올렸다. 우물은 700개나 되었다. 방수 처리한 상·하수도에도 역시 벽돌을 사용했다. 도로는 오늘날 나침반이 가리키는대로 정확히 동서와 남북을 이었다. 마차가 다닐 수 있도록 너비가 10m에 이르는 큰 도로에는 바퀴가 제대로 굴러가도록 벽돌을 모로 뉘어 깔았다. 도시계획은 물론 도시토목을 맡은 전문 엔지니어가 설계한 도시가 바로 모헨조다로였던 것이다.

이 도시를 건설할 때 엄청난 분량의 벽돌이 들어갔다. 고고학자들이 계산해낸 숫자는 자그마치 8천만 장이다. 벽돌을 일정한 규격품으로 세 종류가 생산되었다. 가장 큰 세로 28㎝, 가로 16㎝, 두께 9㎝짜리 벽돌은 나무를 때어 구웠다. 나머지 작은 규격품 벽돌을 굽는 데는 곡물의 껍데기 왕겨를 땔감으로 썼다. 이들 벽돌은 건축용도에 따라 사용되었다. 오늘날 건축자재용 벽돌 강도와 비교해도 손색이 없는 제품을 대량 생산했으나, 벽돌공장은 아직 발견되지 않았다.

티벳의 카일라스 산지에서 발원한 인더스 강이 파키스탄을 지나는 동안 드넓은 물길을 이루었다. 모헨조다로와 하라파 등 문명유적을 포용했거니와, 오늘날 파키스탄의 주요도시 거의가 이 강의 본류와 지류에 들어앉았다(가회박물관 윤열수 관장 제공).

모헨조다로와 버금하는 파키스탄의 다른 문명유적이 한때 수난을 당한 적이 있다. 모헨조다로보다 더 상류에 위치한 인더스 강 지류 라비강 북쪽 연안의 하라파 유적의 수난이 그것이다. 영국식민통치시대 파키스탄 초기철도건설 당시 하라파유적의 벽돌이 공사용 자재로 활용되었다는 이야기다. 이후 문명유적임이 확인되어 지금은 모헨조다로 유적과 더불어 두 개의 큰 인더스문명 유적으로 보호받고 있다.

인더스 강물이 삼킨 피해 흔적

　정오를 넘긴 구릉 지대의 더위는 가히 살인적이었다. 그러나 내친걸음이라 모헨조다로박물관에서 내준 랜드로버로 인더스 강 쪽을 향해 달렸다. 2km쯤을 실히 가서 강물이 범람할 때, 도시 한 블록을 흔적없이 삼켜버린 폐허 지대에 다다랐다. 비록 폐허라 할지라도 모헨조다로를 보다 분명한 문명유적으로 부각시킨 많은 유물이 여기서 출토되었다. 파키스탄 독립 이후 최대의 발굴성과로 꼽히는 여러 돌인장, 소가

모헨조다로와 버금하는 인더스 강 연안의 하라파 유적은 영국이 철도를 건설하면서 벽돌을 쓰는 바람에 폐허가 되었지만, 이 유적에서도 동물을 새긴 인장이 발견되었다.

끄는 달구지 따위의 테라코타 조각품들, 무늬도자기와 민무늬도자기 등이 그것이다.

소달구지 유물에서 모헨조다로 도시유적의 그 넓은 길이 허세가 아니었음을 실감했다. 그리고 돌인장에는 상형문자象形文字가 나오거니와 큰 선박 그림을 새겼다. 이들 모헨조다로의 인장은 파키스탄보다 먼 서역西域 수메르에서도 출토되었다. 모헨조다로 사람들은 아주 일찍 고유문자를 썼고, 큰 배를 띄워 장거리 해상무역로를 개척했다는 증거가 아닌가. 그래서 모헨조다로에는 영원한 문명의 빛이 어른거렸다.

••5
여러 계층이 공생한 태양의 도시

태양의 도시 모헨조다로는 여러 사람의 입을 빌려 예찬되었다. 이 유적을 처음 발굴한 영국인 고고학자 존 마셜 경卿은 "이 도시에 오면 현대 산업도시 한복판에 서 있는 착각이 든다"고 했다. 역시 영국의 고고학자 멀티머 휠러 경은 "이 도시의 설계 자체는 뉴욕 브로드웨이를 연상시킨다"는 말로 모헨조다로가 계획도시라는 사실을 일깨웠다.

인구 3,000~4,000명이 살았을 것이라는 모헨조다로는 스펙터클한 도시였다. 파키스탄과 이탈리아 화가가 모헨조다로 전성시대를 복원한 그림이 아니더라도 실제 그런 인상을 받을 수 있다. 시민들이 계층에 따라 주거구역을 달리한 가운데 삶을 살아간 흔적이 역력했다. 사제司祭를 중심으로 한 지배계층, 도시설계전문가·건축가와 같은 엔지니어그룹, 상공인과 노동자 계층의 일상이 맞물려 돌아갔던 것이다.

사람이 튀어나올 듯한 골목

요새유적(SD구역)에서 내려오면 좀 낮은 구릉에 지배계급 주거지인 DK구역이 자리 잡았다. 이 지배계층의 주거지역을 누비노라면, 마치 지금도 사람이 살고 있다는 환상에 사로잡힌다. 뜨거운 볕을 피하러 사람들이 잠시 집 안으로 들어갔을 뿐, 살아 숨 쉬는 마을이라는 환상에 사로잡혔다. 그 환상이 사실인 것처럼 골목 양쪽으로 높은 벽돌집들이 즐비하게 늘어섰다. 그리고 골목길 끝이 하도 멀어서 맞은 쪽의 입구가 바늘귀 마냥 작게만 보였다.

벽돌집들은 키가 훤칠하게 컸다. 높이가 6~9m나 되는 이들 벽돌집은 처음부터 2층으로 설계되었다고 한다. 벽 두께는 40㎝를 헤아렸다. 바깥 불볕더위를 차단시키는 방서防暑효과를 위해 두껍게 시공했을 것이다. 이들 주택의 욕조나 부엌에서 내려오는 물은 반드시 하수도로 흘러들어 갔다. 심지어는 2층에서 버리는 물까지도 벽 속에 마련한 낙수 시설을 따라 하수도로 배수되었다. 골목길을 따라간

모헨조다로를 방문한 우리 일행이 성직자 구역에서 현지 엔지니어 모하날 오찬 씨와 함께 찍은 기념사진. 이 지배계층의 주거지역을 누비노라면, 지금도 사람이 산다는 환상에 사로잡힌다.

모헨조다로 유적 대저택에서 출토된 우두머리격의 두상. 대저택을 '족장의 집'으로 호칭한 이유가 이 두상에서 비롯되었다.

하수도는 꼭 뚜껑을 덮어 청소가 쉽게 이루어지도록 배려한 흔적이 엿보인다. 모헨조다로 도시계획에서 빼놓을 수 없는 특징 하나가 바로 모든 길을 연결한 하수도 시설과 쓰레기처리장이다.

지배계급 주거지에는 '족장의 집'으로 일컫는 큰 저택이 있다. 모헨조다로 출토품 가운데 유명한 우두머리격의 두상頭像은 족장의 집에서 발견되었다. 이 집에서는 사제로 여길만한 사람의 두상이 나왔다고 해서 족장의 집이라는 이름을 얻었다. 족장의 집은 큰 저택과 함께 대단한 주거문명 흔적을 남겼다. 안뜰을 지나 주택 입구로 들어서면, 집안으로 통하는 복도가 나왔다. 그리고 위로 올라가는 계단이 아직 남아 2층 건물이었음을 입증하는 데 별 무리가 없었다.

노동자 구역의 장명등

이 지배계급 주거지 동쪽으로 돌아가면, 현재까지 발굴한 유적의 경계선으로 보이는 너비 9m의 한길이 나 있다. DK구역 1번가로 부르는 한길은 노동자계층 주거지 HR구역으로 이어졌다. 초소哨所처럼 보이는 높다란 건물로부터 시작한 HR구역 노동자계층의 집들은 비교적 작았다. 오늘날 서남아시아에서 사용 중인 구식화장실 모양의 공동화장실 흔적도 보였다. 서남아시아인들의 오랜 관습인 물로 뒤를 닦는 데

모헨조다로 상공인 구역에서 발굴한 염색공장 시설물. 벽돌을 원뿔 모양으로 쌓아 천을 가공하는 용기를 만들었다.

필요한 세정洗淨 시설을 여기에서도 보다니, 참으로 흥미로웠다.

그리고 노동자 지역 첫 골목 입구 담벼락에는 장명등長明燈을 밝혔던 자리가 아직도 남았다. 장명등이라니, 혹시 노동자들을 달래줄 유곽遊廓의 등불이었을지도 모른다는 생각이 들었다. 이는 상상에 불과했지만, 춤을 추어 사람들을 즐겁게 한 무희는 분명히 있었다. 모헨조다로 출토품인 '춤추는 소녀상'은 그 존재를 뒷받침한다. 파키스탄이 인도로부터 분리 독립하기 전에 출토되어 현재 델리박물관이 소장한 이 청동 조각의 소녀는 몸에 장신구를 걸쳤을 뿐 옷은 걸치지 않았기 때문에 더욱 그렇다.

상공인지역으로 추정하는 VS구역은 노동자지구 북쪽에 자리 잡았다. 노동자지구와 상공인지역(VS구역) 사이의 십자로가 넓었다. 모헨조다로에서 가장 길고 넓은 11m 너비의 도로가 교차했다. 십자로를 건너 왼쪽 초입의 상공인지역 대표 유적은 염색공장 시설이다. 공장 안에는 염료를 끓이는 다섯 개의 원뿔형 구덩이가 설치되었다. 쐐기형 벽돌로 만든 구덩이는 여전히 정교하게 남아있다.

청동기문화인이 남긴 유물

　모헨조다로 유적에서는 각양각색의 유물이 쏟아져 나왔다. 돌인장과 토기, 우두머리의 두상, 소달구지, 춤추는 소녀상 말고도 각종 장신구와 일상생활용품들이 출토되었다. 청동기 문명인이었던 모헨조다로 사람들은 청동으로 각종 무기도 만들었다.

　그러나 모헨조다로 문명은 계승되지 않은 채 단절되었다. 이유는 다른 문화를 지닌 지극히 배타적인 아리안족의 침입에 따른 무차별 파괴와 인더스 강 범람이 몰고 온 도시의 수장水葬따위를 꼽는다. 그 모헨조다로의 비극은 노동자 지역(HR구역) 한쪽 '죽음의 골목'에서 발굴한 많은 인골人骨에서도 어렴풋이 나타났다.

　모헨조다로 문명의 주체가 누구인지는 확실치 않다. 다만 오늘날 인도 남쪽에 살고있는 드라비드족을 그 후예로 추정하지만, 모헨조다로 사람들은 일단 역사무대 뒤안으로 사라진 것은 분명하다.

　모헨조다로로 가는 길은 멀었다. 카라치로부터 북쪽으로 5백 40km이고, 유적지로 가는 비행기와 열차 등의 교통편이 있다. 그러나 안전문제나 시간을 고려하면, 육로보다는 항공편을 이용하는 편이 좋다.

··6
아라비아 해 연안 카라치로 오다

선사시대를 일찍 마감한 가운데 BC 3000년쯤 인더스 강 유역에다 인류문명의 불을 지핀 땅 파키스탄은 고대문화의 보고다. 그러나 실체를 제대로 벗기지 못했다는 아쉬움이 컸다. 그 때문이었을까, 파키스탄 정부의 고고·박물관국考古·博物館局 책임자는 우리 방문단에게 고고학 발굴 참여 등을 골자로 한 한국과의 구체적인 협력방안을 내놓았다.

파키스탄 고고학자와의 만남

이에 앞서 수도 이슬라마바드에서 만난 파키스탄의 원로 고고학자 아마드 하산 다니 박사도 한국 학계가 유적발굴을 원하면, 기꺼이 주선하겠다는 뜻을 밝혔다. 파키스탄역사고고학회 회장이자, 대통령의 고고학 고문이기도 한 그는 문화유적이 인류의 공동자산이라는 점을 들어 파키스탄의 유적발굴을 개방할 수도 있다고 밝혔다. 그는 유네스코 실크로드 위원장 자격으로 한국학자들과 함께

파키스탄의 수도 이슬라마바드에서 만난 원로 고고학자 아마드 하산 다니 박사. 유네스코 실크로드 위원장이었던 그는 문화유적은 인류의 공동자산이라는 점을 들어 파키스탄의 유적 발굴을 개방할 수 있다고 밝혔다.

공동탐사에 나선 적도 있다.

한국이 발굴에 참여할만한 유적은 파키스탄 전역에 널리 분포되었다. 도시 유적을 포함한 인더스 강 유역의 문명유적, 간다라 불교유적, 실크로드 유적 등에도 손을 대지 않은 자리가 얼마든지 있다. 지금까지 인더스 강 유역에서만 확인한 도시유적은 400여 군데에 이른다. 이 가운데 파키스탄 동남쪽 신드지방의 모헨조다로와 하라파유적 정도가 발굴되었을 뿐이다. 그리고 서북쪽 펀자브지방 탁실라의 간다라 유적에서 큰 비중을 차지하는 실스크 유적은 그냥 방치된 상태다. 일본은 이미 1950년대에 파키스탄에서 독자적으로 유적을 발굴해 상당한 학술적 성과를 거두었다. 이와 더불어 일본을 유네스코와 파키스탄 고고·박물관국이 주관하는 모헨조다로와 간다라 유적 발굴과 복원사업에도 투자하고 있다. 모헨조다로 한 단위 유적에만도 50만 달러를 지원한 것으로 알려졌다. 최근에는 독일에서도 이들 유적 발굴을 지원하는 등 세계가 차츰 파키스탄에 관심을 보이기 시작했다는 것이다.

니아즈 랏술 국장의 간청

파키스탄 문화체육부 산하의 고고·박물관국은 수도를 이슬라마바드로 옮긴 뒤에도 남쪽으로 멀리 떨어진 제1의 도시 카라치를 떠나지 않았다. 박물관 관리를 비롯 문화유적 발굴 및 보존 업무를 담당한 고고·박물관국은 페샤와르와 라호르 같은 중요유적 분포지에는 분소를 두었다. 고고·박물관국과 이들 분소는 세계문화유산에 등재한 유적을 관리하면서, 국제협력 관계 업무도 전담하는 부서다. 전문인력은 77명을 보유했지만, 엄청난 규모의 유적에 비해 크게 모자란다는 것이 그의 설명이다.

카라치의 고고·박물관국 청사에서 만난 니아즈 랏슐 국장은 "한국이 유적발굴 프로젝트 하나를 담당한다면, 독자적 발굴이 가능하다"고 말했다. 이 같은 협력은 1995년 체결한 한·파키스탄 문화교류 협정에 근거를 두어 실현시킬 수 있다는 입장이었다.

이에 앞서 세계문화유산으로 등재한 모헨조다로 도시유적 발굴현장에서 만났던 고고·박물관국 엔지니어 모하날 오찬 역시 한국의 문화재 보존과학팀의 모헨조다로 파견을 제의하고 나섰다. 자연 발생적 염분 침식塩分浸蝕으로 유적이 훼손되는 것을 막기 위해 이같은 제의를 한다는 그는 모헨조다로가 세계문화유산이라는 사실을 누누이 강조했다.

파키스탄이 그 많은 유적을 발굴하고, 또 보존하기에는 힘에 겨운 것도 사실이다. 그러나 문화국수주의文化國粹主義에서 벗어나 인더스 문명 유적과 간다라 불교미술 유적을 보편적 세계문화유산으로 인식하려는 노력은 분명히 엿보였다. 오늘의 파키스탄 현실로 미루어 유적 발굴에 따른 재정의 한계성과 유적 발굴의 개방 정책이 기묘하게 맞물렸다는 생각이 퍼뜩 들었다.

우리 학계도 시야를 넓혀야

이번 파키스탄 문화유적 탐사에 함께 참여한 한양대 배기동 교수(고고학)는 "우리 학계도 이제 시야를 세계로 넓힐 때가 되었다"고 전제하면서 "세계문명의 발상지에서의 고고학 발굴은 국책차원이나, 학술재단의 투자 형식을 빌려 시도할 필요가 있다"고 말했다. 특히 발굴성과를 집대성한 영문보고서 등을 빌려 인류문명사와 고대문화사를 새로

카라치호텔 숙소 앞에서 행상으로부터 티를 사서 마시는 배기동 교수와 필자. 모처럼 망중한을 즐기면서, 한국고고학의 국제화 내지 세계화 같은 좀 고답스러운 이야기를 나누었다.

운 각도로 복원한다면, 이는 바로 우리네 학문의 세계화 내지 국제화라는 점을 상기시켰다.

에필로그

카라치에서 고고·박물관국장을 만나는 것으로 파키스탄정부 초청 공식 스케줄이 모두 끝났다. 카라치에서 맞은 파키스탄의 마지막 밤을 위해 한국교민이 운영하는 한식집에서 모처럼 소주잔을 기울였다. 아라비아 해에서 갓 잡아 올렸다는 살집이 통통한 생선으로 끓여낸 매운탕을 안주 삼아 몇 순배가 돌아간 한국산 소주의 주기가 거나하게 올랐다. 이슬람 국가인 파키스탄에 머무는 동안은 술은커녕 알코올 냄새조차 못 맡았던 터라, 그토록 쓰다는 소주 맛이 감로수처럼 달았다.

이제 카라치에서 파키스탄항공(PIA)을 타고, 방콕과 마닐라를 거쳐 모레쯤에는 도쿄에 내릴 참이다. 태양이 작열하는 황토의 대지에 쌓아올린 문명유적과 불교유적이 머리를 스쳤다. 날마다 섭씨 40도가 웃도는 무더위 속의 여행이 추억으로 남겠지…. 젖먹이 외손자에게 줄 요량으로 페샤와르에서 산 코끼리 조형물 한 마리가 여행 가방 속에 잘 있는 지가 궁금해 한 번 더 짐을 챙겼다. 이제 파키스탄은 안녕이다.

시베리아는 까마득한 선사시대부터 한반도문화와
친연(親緣)의 고리를 맺었던 대륙이다.
시베리아와 한반도 문화의 친연성은 역사의 여명기부터
오늘날의 무속과 민속에까지 이어지고 있다.

III

한반도 친연의
대륙 시베리아

••1
아카뎀고로도크에 짐을 풀고

시베리아는 까마득한 선사시대부터 한반도와 친연親緣의 고리를 맺었던 대륙이다. 여러 종족이 스치고 만난 교통로였다. 그런 종족의 이동과 만남의 흔적을 고고학적으로 규명하는 국제학술회의가 노보시비르스크 교외에서 열렸다.

연구소가 밀집한 아카뎀고로도크

이 학술회의에 참석하느라 시베리아 노보시비르스크에서 꼬박 한 주일을 보냈다. 그것도 노보시비르스크 시내에서 30km나 떨어진 위성도시격의 과학·교육단지인 '아카뎀고로도크'라서 약간은 무료했다. 보이는 것이라고는 하늘과 키를 재기라도 하듯 죽죽 곧게 자란 자작나무와 시베리아 소나무가 우거진 삼림뿐이었다. 그 사이로 52개나 되는 각종 연구소 및 부설기관과 함께 연구원 가족들을 위한 아파트가 띄엄띄엄 자리 잡았다.

시베리아의 교육·과학단지인 아카뎀고로도크를 건설한 라브렌 티에프 박사의 흉상. 러시아 아카데미 시베리아 책임자였던 그는 노보시비르스크 교외에 교육과 과학의 요람인 아카뎀고로도크를 세운 주역이었다.

처음부터 계획한 도시답게 도로는 잘 뚫렸다. 구소련의 상임간부회의와 각료회의 결정에 따라 1957년에 세운 아카뎀고로도크는 러시아 과학아카데미 시베리아지부가 그 중심축을 이룬다. 5만 명의 인구가 사는 아카뎀고로도크 중앙로 한 길가에는 구소련의 아카데미 시베리아지부 초대 책임자였던 라브렌 티에프의 흉상이 우뚝하다. 그의 흉상 바로 이웃에는 지부 산하의 인문과학연구기관인 시베리아고고학연구소가 자리했다.

이 연구소 현관을 들어서면, 몸집이 우람한 매머드 한 마리가 수문장처럼 다가섰다. 중형의 코끼리만큼 키가 큰 매머드는 반원형으로 굽은 이빨을 드러냈다. 그러나 무섭기보다는 써커스에 끌려나온 코끼리처럼 양순한 인상이었다. 지금으로부터 70여 만년 전, 유럽의 남부메머드가 추위에 전멸한 것과는 달리 4000여 년 전까지 살았다는 포유류가 시베리아 메머드가 아닌가.

시베리아고고학연구소 현관의 매머드 골격. 반원형으로 굽은 이빨을 드러냈다.

이들 시베리아 메머드 더러는 후기구석기시대 인류의 먹거리가 되었고, 사람들이 움막집을 지을 때는 목재 대신에 쓸 뼈를 선뜻 내주었다고 한다. 그리고 보면 인류와 깊은 관계를 맺었던 동물이 매머드였다. 누가 뭐래도 매머드는 시베리아고고학연구소의 수문장 자격을 갖춘 동물일 것이다.

이번 시베리아 방문은 고고학연구소 초청으로 이루어졌다. 시베리아 고고학연구소 초대 소장은 오클라드니코프 박사다. 그가 지금까지 살았더라면, 올해 나이 아흔이다. 그래서 시베리아고고학연구소는 그가 태어난 90주년을 기리는 국제학술회의로 마련되었다. '시베리아 천 년의 파노라마'를 주제로 열린 학술회의는 아카뎀고로도크 '과학자의 집'에서 개막되었다. 그리고 나서 시대별 분과회의에 이어 알타이 데니소바에서의 토론을 마지막으로 끝을 맺었다.

시베리아를 포함한 동북아시아고고학의 중요성을 부각시킨 이 학술회의에는 14개국에서 200여 명의 학자들이 참여했다. 구석기시대舊石器時代를 비롯한 선사문화에서 민속학民俗學에 이르기까지 동아시아 상고문화上古文化가 폭넓게 논의되었다. 정치적 이유로, 또는 언어의 장벽 때문에 학문적으로도 쉽사리 접근하기가 어려웠던 세계학자들이 시베리아에 모였다는 사실은 매우 중요하다.

더구나 이번 회의는 유럽을 무대로 한 고고학이론의 틀에서 벗어나 동북아시아고고학에 새롭게 눈을 돌리는 계기가 되었다. 우리나라에서는 충북대학박물관장 이융조(구석기) 교수와 목포대 박물관장 최성락(청동기) 교수, 조선대 이기길(구석기) 교수와 목포대 이헌종(구석기) 교

아카뎀고로도크에 자리한 시베리아고고학연구소. 러시아 과학아카데미 산하의 이 연구소는 극동을 비롯한 시베리아 대륙 전체에서 발굴한 엄청난 분량의 유물을 소장했다.

수가 주제발표자로 참여했다.

지한파 고고학자 아나톨리 데레비안코

그리고 시베리아고고학연구소에 유학 중인 (청동기) 연구원과 해외에 나가 있는 몇몇 한국학자들도 주제발표에 나섰다. 아카뎀고로도크에서 합류한 이들 학자를 합뜨리면, 러시아 말고는 한국학자들이 가장 많이 참여한 셈이다. '시베리아 천 년의 파노라마' 국제학술회의를 주도한 이는 지금의 시베리아고고학연구소장 아나톨리 데레비안코 박사다.

그는 시베리아 선사문화를 두루 익혀 꿰뚫은 이지적 석학碩學이자, 다정다감한 러시아인이었다. 누구와도 30분 이상을 대화하지 않기로 유명한 그는 한국학자들을 두 차례나 일부러 만났다. 그럴 때마다 "한국의 경제가 어려운데도 불구하고 와 주시어서 고맙다"는 인사를 잊지 않았다. 그는 눈물까지 글썽거렸다.

시베리아고고학연구소 아나톨리 데레비안코 소장을 방문한 한국 팀 일행. 오른쪽부터 데레비안코, 이융조 교수, 김재호 회장, 최성락 교수, 필자 등이 보인다.

오늘날 러시아의 경제도 말이 아니었다. 아카뎀고로도크 여러 연구기관의 연구자들과 직원들이 올해 들어 겨우 두 달 치 봉급을 받았다고 한다. 데레비안코 박사는 IMF시대를 살아가는 한국학자들을 동병상련同病相憐의 마음으로 바라보았는지도 모른다. 그는 아카뎀고로도크에서 학술회의 분과별 주제발표가 끝나고, 알타이 데니소바로 이동한 뒤에는 우리를 따로 자신의 숙소로 초대했다.

그리고 서로 여러 차례 건배를 제의하면서 와인과 보드카잔을 기울였다. 그는 이런 말을 했다. "우리가 비록 어려운 상황에 처했을 지라도, 지금 자라는 아이들에게 불행을 유산으로 남겨서는 안된다"고 ….

우리가 시베리아를 방문한 무렵은 마침 러시아가 IMF기금을 긴급 수혈받은 때였다. 또 한국과 러시아가 외교관을 맞추방한 직후이기도 했다. 그러나 정치이야기는 한마디도 오가지 않았다. 그러니까 대부분의 시베리아 사람들은 우랄산맥 넘어 저쪽 모스크바 정치상황에 호들갑을 떨지 않는 대륙인들이었다. 다만 데레비안코가 한국의 남북통일을 위한 건배를 제의하여 모두 일어서 잔을 비웠다.

그는 북한도 다녀왔다. 북한에 갔을 때 호텔에서 일어난 일 하나를 소개해서 좌중을 웃겼다. 호텔방에 들어갔더니 탁자에 배와 사과가 한 알씩 놓여 있더라는 것이다. 그런데 당번이 들어와서 배는 가져가고, 사과 한 알만을 두고 나갔다. 기왕에 주었으면 다 먹도록 내버려둘 일이지, 도로 가져간 이유를 지금도 모르겠다며 웃었다.

그는 북한을 비록 다녀왔으나 어디까지 지한파知韓派다. 1990년 이후 다섯 차례나 한국을 방문했기 때문에 한국학자들과의 교분이 두텁다. 서울대 최몽룡 교수와 충북대 이융조 교수, 성균관대 손병헌 교수와 국립문화재연구소 조유전 소장, 고려대 김정배 총장이 그들이다.

번갈아 베푼 만찬

시베리아의 지한파 고고학자는 데레비안코 말고도 동시베리아의 국립크라스노야르스크대 총장 니콜라이 드로즈코프 박사와 이르쿠츠크대 고고학 주임교수 게르만 메데브테프 박사 등이 있다. 또 극동지역의 원동대학 역사학과 교수 브레잔스키 박사도 지한파로 꼽히는 등 제법 많은 숫자를 헤아린다. 니콜라이 드로즈코프는 우리가 시베리아에 도착하던 날 천 리가 넘는 길을 멀다 하지 않고 노보시비르스크 공항으로 달려왔다.

그리고 경제적으로 어려운 주머니 사정을 무릅쓰고 호텔에서 만찬을 베풀었다. 그들 시베리아의 러시아인들은 동아시아적인 정서가 흘러넘쳤다. 역사적으로 동아시아와는 무관한 슬라브족이 대부분이기는 하다. 그러나 오랜 세월을 시베리아에 사는 동안 원주민과 그 이웃 동아시아 사람들의 마음을 얼마쯤은 닮았을 것이다.

아카뎀고로도크에 근무하는 이브게니아 데레비안코 여사의 아파트로 저녁을 초대받았을 때 깜짝 놀라지 않을 수 없었다. 주인은 짭짤한 생선을 밀가루 반죽에 말아 구운 빵이며, 러시아 전통음식을 식탁에 가득 차려놓고 우리를 기다렸다.

시베리아고고학연구소장 아나톨리 데레비안코 박사, 시베리아이르쿠츠크대 고고학 주임교수 게르만 메데브테프 박사, 국립크라스노야르스크대 총장 니콜라이 드로즈코프 박사. 이들은 지한파로 분류되는 시베리아의 고고학자 그룹이다.

그녀가 베푼 인정을 잊을 수 없다. 저녁 식사가 시작되자 연신 돌아다니며 빈 접시를 채워주었다. 자신이 종일 손수 만들었다는 음식은 먹어도 먹어도 줄지 않았다. 그렇듯 배가 부른데도 큰 접시에 야산처럼 쌓아올린 후식 고로치카를 또 내놓았다. 외국여행에서 처음 받아본 후덕한 대접이었다. 저녁은 밤 11시가 다 되어서야 끝이 났다.

시베리아 밤은 백야

우리 생각으로는 늦은 시각이었지만, 시베리아의 여름밤은 아직 백야白夜였다. 그 귀로에 시베리아고고학연구소 연구원으로 와서 공부하는 강인욱 연구원으로부터 그녀의 넉넉한 마음을 읽을 수 있는 이야기 하나를 더 들었다. 이역만리에서 외롭게 사는 자신을 그녀가 아들처럼 돌보아 준다는 것이었다.

그 인정 많은 여인은 동북아시아에 살았던 고대민족인 선비연구鮮卑研究로 박사학위를 받고 지금 시베리아고고학연구소 극동원정발굴단 책임연구원으로 활동하고 있다. 연구소장 데레비안코와는 블라가데신스크사범대 동창인데, 그녀가 선배다. 두 사람은 대학학보사 기자로 함께 일한 적도 있단다.

냉전시대冷戰時代 한가운데

시베리아의 백야를 즐기기 위해 아카뎀고로도크 대학가의 학생들이 숲속의 거리로 나와 즉석 음악회를 열고 있다. 검둥강아지도 따라나선 음악회 풍광이 평화롭다.

서도 젊은 꿈을 먹고 살았던 사람들이다. 어떻든 시베리아고고학연구소는 지금 한국고고학계와 끈끈한 학문의 고리를 맺고 있다. 국교가 열리기 이전인 1990년부터 교류가 이루어지기 시작했다. 그 뒤에 시베리아고고학연구소가 지금의 목포대 이헌종 교수를 유급 연구원으로 받아들여 교류는 더욱 본격화되었다.

이 교수는 시베리아고고학연구소에서 후기구석기 연구로 박사학위를 받았다. 그리고 나서 곧 러시아 국가박사 학위까지 따낸 그의 뒤를 이어 지금 강인욱 연구원이 박사과정을 밟고 있다.

시베리아고고학연구소는 이번 국제학술회의에 참석한 이융조 교수를 통해 충북대와의 학술교류를 제의했다. 소장 데레비안코의 친서가 충북대 주자문 총장에게 전달되었다. 상호 연구원 파견이 이루어질 전망이다. 시베리아대륙 자체는 역사적으로 어느 대륙보다 한국과 친연親緣관계를 갖는다.

더구나 시베리아고고학연구소는 극동을 망라한 대륙 전체에서 발굴한 엄청난 분량의 유물을 소장하고 있다. 이는 유물고고학遺物考古學을 빌려 동북아의 복합문화현상을 새로운 이론으로 제시할 수 있는 자료이기도 하다. 그래서 시베리아와의 고고학 교류는 적극 추진되어야 할 것이다.

●●2
알타이 역사 속으로의 여행

서시베리아 노보시비르스크 아
카뎀고로도크에서 국제학술회의
를 마무리한 다음 날 알타이로 달
렸다. 우리말의 고향으로 여기는
그 알타이 땅으로 가는 길은 멀었
다. 노보시비르스크로부터 남동
으로 800㎞나 떨어졌다. 아침 일
찍 길을 재촉한 낡은 버스는 시베

알타이의 문화유적도

리아철도 남쪽 지선이 끝나는 알타이 관문도시 비스크를 하오 5시쯤에
지나쳤다. 비스크는 제정러시아가 중국 진출을 위해 17세기에 세운 군
사도시였다고 한다.

스키타이가 살던 카툰 강을 건너고

비스크를 끼고 지나가는 미아 강과 고대 스키타이족이 유역에 몰려
살았다는 카툰 강을 차례로 건넜다. 그제야 야트막한 구릉지대가 펼쳐
지기 시작했다. 지금까지 보이던 대평원과 평지삼림지대와는 전혀 다
른 풍경의 구릉지대를 두어 시간 달렸을까, 이윽고 산이 시야로 다가
왔다. 하오 7시 30분 알타이자치공화국으로 가는 고원 솔로니에센스키
에서 잠시 내렸다. 그리고 지금까지 달려온 먼발치의 시베리아 대평원

알타이로 들어가는 관문 도시인 시베리아의 비스크 외곽지대. 제정러시아가 중국에 진출하기 위해 17세기에 세운 군사도시였다.

을 굽어보았다.

고원 마루를 넘어 초루누이 아누이 강을 거슬러 남쪽으로 달렸다. 초루누이는 검다는 말이다. 저녁 무렵이기는 했지만, 강물은 과연 검은 빛을 띠는 것처럼 흘렀다. 우리가 한 주일을 머물 시베리아 고고학연구소 데니소바기지基地에는 밤 10시가 넘어서 도착했다. 아누이 강 여울물 소리를 들으며 잠이 들었다가, 새벽녘이 초가을처럼 으스스하게 추워 일찍 일어났다.

고원 풀밭에는 밤새 온통 이슬이 내렸다. 그리고 이름 모를 들꽃이 풀숲에 흐드러지게 핀 데니소바기지는 풍경화 캔버스처럼 아름다웠다. 그

알타이가 시작하는 솔로니에센스키 고원의 이정표 같은 푯말. 비스크를 끼고 지나가는 미아 강과 스키타이가 몰려 살았다는 가툰 강을 지나서 처음 만난 고원이었다.

기지에서부터 산지山地알타이를 일컫는 이른바 고르노 알타이가 시작되었다. 고고학적인 유적발굴은 거의가 고르노 알타이에서 이루어지고 있다. 그런 문화유적들이 고원의 스탭과 흰모자를 쓴 것처럼 보이는 알타이산맥 설산雪山과 어울렸다. 러시아의 사상가이자 화가였던 로에리치는 알타이를 일러 '아시아의 진주'라 했다는 것

이다.

데니소바기지 바로 아래 강
가 언덕에는 유명한 중기구석
기中期舊石器유적 데니소바 동
굴이 있다. 28만여 년 전에 형
성된 맨 아래층(22층)과 그 위
층(21층)이 중기구석기사람들
이 살았던 지층이다. 그리고
나서 후기구석기시대를 거쳐

고로노 알타이에 자리한 시베리아고고학연구소의 발
굴캠프인 데니소바기지. 나무로 지은 목조건물은 마
치 산장이 연상되는 운치가 감돌았다.

청동기시대와 초기철기시대까지 사람들이 살았던 지층이 차곡차곡 쌓
였다. 구석기 사람들이 사용했던 돌연모와 짐승들의 뼈에 이어 지구의
기후변화를 알려주는 식물의 꽃가루 같은 자료들이 나왔다.

그러나 데니소바 동굴 맨 아
래 지층에 살았던 중기구석기
인들은 알타이 최초의 인류는
아니다. 고르노 알타이 울리
린카유적에 전기구석기前期舊
石器 사람들이 먼저 들어와 살
았다. 울리린카 전기구석기유
적에서 맨 처음 사람들이 살
던 지층의 연대는 150만 년에
서 45만 년 전 사이로 밝혀졌
다. 그러니까 울리린카유적에

알타이 공화국 우스트칸의 초루누이 아누이 계곡에
자리한 데니소바 동굴유적. 이 유적에는 후기구석기
시대를 거쳐 청동기시대와 철기시대까지 살았던 인류
의 흔적이 차곡차곡 쌓였다.

살았던 전기구석기 사람들이 알타이 최초의 인류라 할 수 있다.

시차를 두고 들어온 여러 종족

우리는 데니소바기지에 머무르는 동안 우스트칸 동굴을 비롯 카라콜과 아누이, 카민나야 동굴 등 중기구석기에서 후기구석기시대에 이르는 여러 유적을 답사했다. 그 가운데 카민나야 동굴에서는 구석기문화와 청동기문화층 사이 신석기문화층에서 온전한 사람뼈가 발견되었다. 예니세이 강 유역에 살았던 몽골인종의 한 갈래로 보고 있다.

알타이 공화국의 카민나야 동굴. 구석기문화층과 청동기문화층 사이 신석기문화층에서는 몽골족의 한 갈래로 보는 인골이 출토되었다.

알타이에는 그 옛날 시차를 두고 여러 종족이 들어왔다. 그리고 자신들의 문화를 만들고, 때로는 다른 종족들과 피를 섞었다. 초기청동기시대에 아파나시에보문화를 일으킨 사람들은 냇물이 가까운 알타이 곳곳에 무덤을 남겼다. 그들은 기원전 2000년에서 기원전 1700년 사이 볼쉐미스문화를 만나 새로운 청동기문화인 카라콜문화를 만들어 냈다. 그 카라콜문화의 주체는 유럽인종의 피가 섞인 몽골인종이었다는 것이다.

청동기시대를 이끌어온 종족은 어느 날 중앙아시아에서 몰려온 호전적 기마유목민족에게 자리를 내주었다. 기원전 6세기의 일인데, 싸움을 잘하는 정복자들은 초기철기시대에 파지리크문화를 열었다. 앗시

앗시리아와 이란의 고대예술을 가지고 알타이로 들어온 파지리크인들이 지은 돌무지덧널무덤의 잔영. 오늘날 고르노 알타이 지역에 남은 이 유적을 한반도 경주 지역의 돌무지덧널무덤(積石木槨墳)과의 영관성을 찾는 학자들도 있다.

리아와 이란의 고대예술을 가지고 알타이로 들어온 파지리크인들은 원주민들과 또 피를 나누었다. 그리고 자신들이 지은 거대한 돌무지널무덤인 적석목곽분積石木槨墳과 껴묻거리를 통해 오늘날까지 문화의 잔영殘影을 보여주고 있다.

파지리크문화유적을 보기 위해 데니소바기지에서 2시간 반을 자동차로 달려 쉬베가르바로 갔다. 아무리 고원이라고는 하나, 알타이의 여름 한낮은 따가웠다. 파지리크 고분은 구릉 아래 초원에서 냇가를 향해 일직선으로 3기가 자리했다. 말하자면 배산임수背山臨水의 명당이었다. 파지리크 고분은 우리 학자들이 더러 신라 적석목곽분과 출토유물을 직접 꿰맞추고 싶어하는 유적이다. 글쎄, 더 연구를 하고 결론 내려야 할 문제가 아닌가 한다.

파지리크 고분은 경주의 돌무지무덤과 시간 차이가 나거니와, 알타이와 아시아 동남쪽 끄트머리 사이의 상관성을 증명할 뚜렷한 흔적이 확인되지 않았다는 것이 일부 학자의 생각이다. 이 같은 반론을 풀어내자면, 두 지역의 문화 관계를 명확하게 밝혀야 할 것이다.

유럽과 몽골 인종의 혼혈 '얼음공주'

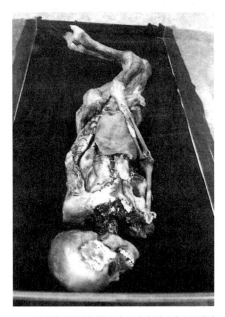

파지리크문화는 지난 19세기 말 제정러시아 아카데미 회원 라드로프가 알타이 동남쪽 베렐고분을 조사할 때, 세상에 처음 빛을 보았다. 이어 1993년에는 우리에게 '얼음공주'로 알려진 여사제女司祭의 미라가 해발 2,500m의 고원성 평원에서 발굴되었다. 미라는 본래 흰 살갗에 문신을 한 젊은 여인이었다. 유럽인종이 분명했지만, 몽골인종의 특징을 혼혈했다는 것이 학자들의 생각이다. 미라의 실물은 노보시비르스크 아카뎀고로도크에서 보았

시베리아고고학연구소가 소장한 파지리크 문화기의 여사제 미라. '얼음공주'로 널리 알려진 이 마라의 팔뚝에는 문신을 새겼는데, 유럽 인종과 몽골 인종이 혼혈되었다고 한다.

다. 그러나 국경지대 사정 때문에 발굴현장인 우코크지역은 들어가지 못했다.

알타이에서 파지리크시대가 끝나자 곧 훈족의 시대가 다가왔다. 흉노匈奴라고도 말하는 훈족시대는 기원전 2세기 초에서 길게는 기원전

후紀元前後 시기까지 이어졌다. 그다음 6세기에서 11세기에는 투르크말을 하는 유목민들이 알타이에서 주인 노릇을 했다. 하지만 오늘날은 판도가 바뀌어 알타이자치공화국 인구 25만 명 가운데 15만 명이 슬라브계의 러시아인들이다.

알타이인 숫자는 겨우 10만

그렇다고 알타이에는 알타이인들이 많게 사는 것도 아니다. 겨우 10만이 종족을 유지하고 있다. 그들은 17세기 위구르에서 알타이로 들어와 대부분 러시아인에게 동화되었다. 데니소바기지에서 2시간이 넘게 달려 알타이 민속마을 멘두르 사콘을 찾았을 때, 촌장 소도에프와 주민들이 우리를 맞았다. 그리고 마유주馬乳酒쿠미스를 한 그릇씩 대접하고, 여름 주거지로 불러 자신들의 고유음식인 치즈류인 구룻과 미숫가루 카환을 잿불에 구운 빵과 함께 점심으로 내놓았다.

알타이 민속마을을 떠나 데니소바로 돌아오는 길에 멘두르 사콘

알타이족 소년과 소녀들의 해맑은 얼굴은 인상적이었다. 알타이 자치공화국 인구 25만 명 가운데 알타이인은 15만여 명에 지나지 않는다.

알타이 민속마을 멘두르 사콘은 마을 한가운데의 몇몇 게르를 빼고는 여느 시베리아 농촌 풍광과 다르지 않았다. 수직으로 올라간 전봇대에 나무를 비스듬하게 받쳐놓은 솜씨는 더욱 그랬다.

카민나야 유적 이웃의 밭에서 만난 나무장승. 우리네 장승처럼 익살스러운 얼굴은 아니었으나, 친구를 만난 듯 반가웠다.

의 암각화 유적지를 찾았다. 그리 높지 않은 산등성 바위마다 암각화가 그들먹했다. 실질적으로 표현한 야생동물과 사람을 새긴 이들 암각화에서는 한국의 울산 반구대와 포항 등지의 암각화가 문득 떠올랐다. 알타이의 암각화는 몽골 고원 일대와 중국 신강성을 거쳐 한반도로 전파되었을지도 모른다는 나름대로의 생각 때문이었다.

그리고 아카뎀고로도크의 시베리아고고학연구소 전시관에서 보았던 울긋불긋한 고대 시베리아 샤먼의 옷가지는 우리네 무당들이 입는 요란한 두루마기와 흡사하지 않았던가. 영혼과 인간 사이에서 중재자를 자처한 샤먼의 관습은 동아시아 문화에 깊은 뿌리를 내렸을 것이다.

카민나야 유적 이웃의 밭둑에서는 나무장승木長丞을 만났다. 우리네 장승처럼 익살스러운 구석은 없었으나, 마치 고향 친구를 만난 듯 반가웠다.

이 같은 무속^{巫俗}과 민속^{民俗}말고도 시베리아와 한반도 문화의 친연성 ^{親緣性}은 역사의 여명기^{黎明期}부터 드러난다. 두 지역의 암각화 전통은 이미 살펴보았다. 이 밖에 신석기시대의 빗살무늬토기와 여러 가지 어구 등에서도 친연성이 엿보인다. 이는 우리가 범북방문화권^{凡北方文化圈}과 무관하지 않기 때문이리라. (이 책의 『국내 유적으로 본 한국의 선사문화』 중 '북한강 양지바른 언덕의 청동기유적'과 '부천 고강동 돌무지 제단' 참조)

●●3
녹색 꿈이 서린 고로노 알타이의 속살

알타이의 서사^{敍事}를 들춘 기록은 헤로도투스가 기원전 5세기 초쯤에 쓴 『역사』에 처음 나온다. 그리스의 사가였던 그는 자신의 저술에다 "동으로 가면 황금을 지키는 그리핀의 나라 알타이가 있다"고 적었다. 그래서 이민족 ^{異民族}들이 알타이로 들어가기가 어렵다고 했다. 보물을 지키는

스텝과 타이가가 연속으로 펼쳐진 고로노 알타이의 풍광은 온통 녹색이다. 그래서 잠자리에서는 초원을 달리는 자신의 모습이 보이는 꿈을 꾸기가 일쑤라고 한다.

괴수怪獸 그리핀이 살았다는 알타이는 그만큼 신비를 간직한 땅인지도
모른다.

초원과 산지가 맞물려 끝없이 펼쳐지는 고원성高原性 대지 알타이에
는 지금도 녹색의 꿈이 서려 있다. 알타이를 다녀간 사람들 대부분은
녹색초원의 노스탤지어 같은 꿈을 꾸었다. 초원 저 멀리 나타난 점 하
나가 차츰 가까워지면, 그것이 곧 말을 타고 달리는 자신의 모습으로
다가오는 그런 꿈이었다. 누가 뭐래도 알타이의 노스탤지어가 분명했
다. 알타이 사람들은 남자뿐 아니라 부녀자들도 말을 잘 탄다.

파지르크 여인들은 이야기꾼

그 옛날 알타이에서 초기철기시대를 살았던 파지리크 여인들은 남자
들과 동등한 권리를 가졌다고 한다. 소녀들은 의무적으로 군사활동에
참여했고, 적을 죽이지 않고는 결혼도 할 수 없었다는 것이다. 그리고
자신들의 세계관과 파지리크
땅에 얽힌 사연을 어린아이들
에게 들려주는 이야기꾼도 여
성들이었다. 전통을 지키고,
자신들의 정신문화를 구체화
한 주역이 바로 여성들이었던
것이다.

그런 내력을 가진 땅이어서
인지는 몰라도 알타이 지역 고
고학 발굴현장에서 일하는 여

초원에서 말을 타는 알타이 여인. 이들의 선조는 여
인일 지라도 군사활동에 참여했고, 자신의 땅에 얽힌
사연을 어린이에게 들려주는 이야기꾼이었다고 한다.

류학자들의 활동이 두드러졌다. 데니소바 동굴유적의 마리아 데르가초바 박사(토양화학), 카민나야 동굴유적의 나탈리아 볼리호브스카야 박사(화분학)와 이라 휘로노바 박사(고생태학) 등이 그들이다.

데르가초바와 휘르노바는 러시아 아카데미 시베리아지부 농화학연구소와 지질학연구소에 각각 소속되었다. 그리고 볼리호브스카야는 국립모스크바대 고지리학연구소에서 파견 나온 여류학자다.

토양화학을 연구한 데르가초바 박사는 일흔 살을 훨씬 넘긴 할머니였는데, 몸집이 대단했다. 데니소바 동굴유적에서 거둔 구석기시대 토양을 분석하는 일이 그녀가 맡은 임무다. 켜켜로 쌓인 지층의 흙을 샘플로 삼아 유적의 형성과정을 밝히는 브리핑에서도 자세가 당당했다. 큰 몸통에서 울려 나오는 목소리가 늠름했지만, 카랑카랑하면서도 부드러웠다. 더구나 막히는 데가 없이 유창한 브리핑은 인상적이었다.

그런 할머니 데르가초바 박사에게는 또 다른 재능이 있었다. 어느 날 데니스바기지에서 저녁 식사가 끝나고 나서 충북대 이융조 교수가 '한국의 밤'을 열겠다는 제의를 하고 나섰다. 여러 나라 고고학자들은 그 제의

알타이 지역 고고학 발굴현장에 매달린 테르가초바 박사(데니소바 동굴·토양화학)를 비롯 나탈리아 볼리호브스카야 박사(카민나야 동굴·화분학), 이라 휘르노바 박사(카민나야 동굴·고생태학) 등은 모두 여류학자들이다(왼쪽부터).

를 선뜻 받아들였다. 식사상 테이블 위의 빈 그릇을 치우고 보드카와 와인을 돌렸다. 그리고 한국 쪽에서 비상식량으로 가져왔던 라면을 끓여 안주로 내놓고, 각자가 가방을 뒤져 먹거리가 될만한 것은 모두 챙겼다.

그 즉석에서 마련한 '한국의 밤'은 훌륭한 파티가 되었다. 술잔을 몇 차례 기울이고 거나해지자 이내 노래가 나왔다. 그 자리에서 할머니 박사 데르가초바의 재능 하나가 더 확인되었다.

데니소바기지의 추억

할머니는 슬라브인 특유의 넉넉한 음색으로 '모스크바의 밤'을 불렀던 것이다. 가창력도 대단했거니와, 노래가 무척 아름다워 박수갈채를 여러 차례나 받았다. 세 차례나 앙코르송을 부른 것으로 기억하고 있다. 주최격인 한국 쪽에서는 러시아어가 유창한 목포대 이현종 교수와 현지의 강인욱 연구원이 '백합'을 듀엣으로 불러 인기를 모으기도 했다.

그날 '한국의 밤'에서 나는 국립노보시비르스크사범대 여교수 구바니체보이 올가로부터 뺨에 두 차례나 키스를 받았다. 루즈가 선명하게 묻어난 올가의 키스에는 사연이 있다. 데니소바기지에 도착하던 날 밤 방을 배정받았는데, 건장한 중년 여인이 불쑥 들어왔다. 내 볼에 키스를 한 그녀였던 것이다. 한양대 대학원 황소희 양이 그녀와 방을 함께 쓰기로 했기 때문에 어색한 룸메이트는 모면했다. '한국의 밤' 자리를 빌려 그 이야기를 했더니, "그냥 있었으면 좋았을 텐데……"라는 농담과 함께 키스를 해와 모두가 한바탕 웃었다.

알타이에서 한 주일은 날마다 새로웠다. 온종일을 알타이의 자연과 유적을 돌아보고, 날이 저물면 데니소바기지의 저녁 식사가 기다렸다.

단 한 끼도 같은 메뉴가 나오지 않았던 식사는 가려서 들지 않아도 좋았다. 거기다 식사와 함께 매일 식탁에 오르는 보드카 몇 잔을 마시고 나면, 이슬이 마냥 내리는 알타이 고원의 여름밤은 늘 상쾌했다.

점심은 유적을 답사하느라 거의 야외에서 들었다. 뜨거운 수프와 야채를 곁들인 빵을 점심으로 때우는 초원의 식사 역시 푸근했다. 그 뒷바라지는 아카뎀고로도크에서부터 동행한 고고학연구소 출판부 여직원과 데니소바기지 여직원이 맡아주었다. 그런데 늘씬한 몸매의 여직원들은 일행이 모두 냇가에서 쉬노라면 건너편 버드나무수풀로 몸을 숨기고는 했다. 처음에는 소피를 보러 가려니 했지만, 그것도 아니었다. 으레 비키니수영복을 갈아입고 물가로 나타났다. 금방 왔다 가는 북반구 끝자락의 여름철 햇살을 금쪽처럼 아껴쓰고자 한 그녀들의 속내를 뒤늦게야 알아차렸다.

햇살을 금쪽같이 아껴쓰는 여인들

우리와 동행한 여인 중에는 시베리아고고학연구소 영어통역원 에레나 판케예바가 있었다. 올해 나이 갓 마흔으로 열아홉 살 먹은 아들을 둔 그녀는 아주 조신한 여인이었다. 우리는 그녀를 '에레나 순이'라고 불렀다. 무슨 말인지를 잘 모르는 눈치였지만, 싫지는 않았던 모양이다. '실패 감던 순이가

시베리아고고학연구소 영어통역원 에레나 판케예바(오른쪽). 그녀의 이름에서는 우리네 유행가 하나가 떠올라 우리는 에레나 '순이'라고 불렀다.

우리 일행을 줄곧 안내한 시베리아고고학연구소의 강인욱 연구원(오른쪽)과 필자. 그는 러시아 국가 박사 학위를 받고 돌아와 국립부경대 교수를 거쳐 경희대 교수로 일하고 있다.

/다홍치마 순이가/이름조차 에레나로/달라진 순이'라는 흘러간 우리네 옛 노래가 얼핏 떠올라 그렇게 불렀던 것이다.

고르노 알타이의 데니소바기지를 떠날 날이 다가왔다. 데니소바기지에서 보낸 날들을 추억으로 간직하고, 아침 일찍 아카뎀고로도크로 가는 길을 되 곱쳐서 달렸다. 낡은 버스는 귀로에서도 해찰을 부렸다. 그러나 거수의 시베리아 소나무와 자작나무가 울창한 대평원의 수풀은 여전하여 얼마간은 반가웠다.

"늠름한 소나무가 머리를 흔들고 있는 동안 나는 숲 속으로 달렸다." 러시아 작가 코르렌코의 단편 '속삭이는 숲'의 한 구절 같은 풍경이었다. 그런 러시아 대평원 숲길을 달려 아카뎀고로도크로 다시 돌아왔다. 그리고 국립노보시비르스크 기숙사 한쪽의 간이호텔에서 시베리아 마지막 밤을 보냈다. 숙박비라야 10달러도 안되는 간이호텔에서 다음 날 아침은 3.6루블(한화 700원)짜리 한국산 라면으로 때웠다.

시베리아 제1의 도시 노보시비르스크 관광은 비행기 시간에 맞추어 고작 오후 한나절로 끝냈다. 마침 담배가 떨어져 미국산 '펄멀' 10갑을 350루블(한화 7천 원)에 사서 겨우 한 모금을 빨고 서울행 비행기에 올랐다. 그 뒤에 러시아가 모라토리엄을 선언했다는 외신기사를 보았다. 남의 일만 같지 않아 가슴이 아팠다.

노보시비르스크의고려인아줌마들

노보시비리스크의 마지막 날,
이 도시의 중앙시장에서 억센 억
양의 북변北邊사투리를 쓰는 우리
네를 닮은 노년의 아주머니 상인
서넛을 만났다. 사투리로 미루어
북한 국적의 교포려니 하는 생각
이 들었다. 이들 아주머니에게서
소금에 절인 돼지고기와 고추장을

고려인 아주머니들을 만난 노보시비르스크 중
앙시장. 고려인 아주머니들이 파는 안줏거리를
사 들고 비행장으로 나와서야 그들의 슬픈 사
연을 귀동냥으로 들었다.

발라 구운 안줏거리를 비행장으로 들고 나와 보드카 몇 잔을 기울였다.
아주머니들이 우리 일행을 바라보는 눈빛이 그리움을 넘어 차라리 슬
퍼 보였던 까닭을 비행장에 와서야 강인욱 연구원으로부터 들었다. 그
자리에 동행한 강인욱 연구원의 설명을 들고였는데, 귀국하고 나서도
고려인 아줌마 상인들이 자꾸 떠올랐다.

잠깐 스친 카레이스키의 슬픈 사연을 어찌 다 알겠는가, 어떻든 자신
들의 고국으로 여기는 한국을 그리워한 나머지 우리 일행을 부러운 듯
바라보았던 애절한 눈길을 여태 잊을 수 없다. 알량한 동포애에서 비
롯한 연민憐憫으로 치부하기는 모자라는 데가 있다.

한반도 남해안은 1억 8000만 년 동안을 태고의 무법자로
군림한 공룡의 마지막 낙원이었을 것이다.

IV

국내 유적으로 본
한국의 선사문화

••1
공룡 최후의 낙원 한반도 남해안

전남 보성 선소해안 화석층 공룡의 일생

한반도 남해안은 1억 8,000만 년 동안을 태고의 무법자로 군림한 공룡의 마지막 낙원이었을 것이다. 최근 남해안 지역에서 잇따라 발견한 중생대 백악기의 화석 조사를 근거로 이 같은 추정이 가능하게 되었다. 공룡은 백악기를 앞서는 중생대 쥐라기 때 가장 번성했던 덩치 큰 파충류다. 백악기에 들어 공룡의 알을 포유류가 먹이로 삼았던 흔적마저 포착되어 '생명진화'의 발자취를 보여 준다.

공룡 최후의 낙원으로 가늠되는 지역은 오늘의 한반도 남쪽 끝자락인 전라남도 보성군 득량면 비봉리 선소마을이다. 전남대학교 부설 한국공룡연구센터가 지난 2000년부터 최근 몇 년에 걸쳐 찾아낸 백악기의 공룡화석층은 남해의 득량만 선소해안에 자리하고 있다. 공룡이 뒤뚱뒤뚱 걸어서 남긴 거대한 발자국이 선소해안 이웃에서 드러난 데 이어 알둥지와 새끼 공룡의 뼈화석까지 발견되었다. 그래서 한반도 남해안은 공룡의 일생을 화석으로 보여주는 고생물 표본실 같은 세계적 자연유산에 올랐다.

전남 보성군 득량면 비봉리 선소해변에서 발견한 공룡알 화석. 크기가 평균 8~11cm에 이르는 공룡알 화석 가운데는 껍질이 11겹이나 되는 독특한 알도 있다.

지난 2003년에 발굴한 새끼 공룡의 뼈화석 분석에서는 고생물의 해부학적 윤곽이 어느 정도 드러났다. 우선 어깨뼈 좌우 한 쌍, 위팔뼈 좌우 한 쌍, 가슴뼈 좌우 한 쌍, 돌기뼈 좌우 한 쌍, 등골 8개 이상, 갈비뼈 9개 이상 등 공룡의 뼈대가 거의 다 드러났다. 그리고 표본 처리가 진행 중인 암석 덩어리에는 공룡뼈가 들어 있기 때문에 더 많은 자료가 나올 가능성이 없지않다. 이들 뼈화석이 나온 암석층은 연대측정에서 약 8,000만 년 전 중생대 백악기 말기의 것으로 판명되었다.

한국공룡연구센터는 암석층 연대 측정을 근거로 선소해안의 공룡은 그 무렵 동아시아에 주로 살았던 하드로사우루스Hadrosaurus류로 보았다. 새끼 공룡의 길이를 약 2m로 추정한 연구진은 이 녀석이 알을 깨고 나온 지 1년이 채 안 돼 죽었을 것이라는 결론을 내렸다. 날짐승 골반구조를 가진 하드로사우루스류는 두 발로 걸어 다니는 조각류鳥脚類의 공룡이다. 어른으로 자라면 길이 10m에 무게가 4톤이 넘는 덩치 큰 파충류다.

선소해안에서 공룡의 뼈대를 발굴하는 전남대 한국공룡센터 조사단. 공룡알을 먹이로 삼았던 흔적도 포착되었다.

새끼 공룡의 뼈화석이 나온 선소해안 일대에서는 공룡알 둥지가 25군데나 발견되었다. 약 30m가량의 사이를 두고 자리한 이들 둥지에서는 모두 230여 개의 공룡알 화석이 무더기로 나왔다. 그래서 선소해안을 공룡들이 떼 지어 와서 알을 낳은 집단 산란지産卵地로 짐작하고 있다. 이들 공룡은 평균 크기 8~11cm의 알을 낳았는데, 껍질의 두께는 평균 1.5~2.5mm에 이른다. 부화한 공룡알에서는 11겹 이상의 껍질이 확인되었다. 이는 세계적으로 아주 드문 현상이다.

선소해안에서 찾아낸 공룡뼈와 알은 모두 하드로사우루스류의 것이라고 한다. 공룡이 알을 깨고 나와 제대로 다 클 때까지 어미의 보살핌 속에 자란다는 가설과 맞아떨어지는 현상으로 풀이했다. 그러니까 선소해안 화석층은 어미가 알을 낳아 새끼로 부화하면, 이를 보살펴 키우는 공룡의 번식활동 모두를 파노라마처럼 보여 주는 고생물학적 기록인 것이다.

선소해안의 공룡은 산이 가까운 충적선상지沖積扇狀地에 알 둥지를 틀었다. 화산재를 잔뜩 머금은 흙이 빗물에 쓸려 내려와 부채꼴 모양으로 쌓인 충적선상지는 경사가 가파르지 않았다. 이 때문에 공룡들이 요즘의 펭귄처럼 떼로 와서 흙구덩이를 얕게 파고 알을 낳았을 것이다. 시차를 두고 이루어진 몇 개의 화석층 모두에서는 알 둥지가 발견되었다. 공룡 무리가 오랜 시간 동안 선소해안을 반복해서 찾아와 알을 낳았다는 이야기다.

백악기 말기는 건기와 우기가 번갈아 찾아오는 아건조亞乾燥 기후였다고 한다. 더구나 화산 곳곳에서 뿜어내는 열기로 대기는 온통 고열에 휩싸였다. 그런 열악한 자연환경은 선소해안 공룡화석층에 그대로 나타났다. 화산에서 뿜어낸 재가 굳어서 생긴 응회암凝灰岩이 뒤섞였고, 그 아래로는 자갈과 진흙으로 이루어진 역암礫岩이 깔렸다. 그러니까 선소해안은 화산에서 나온 알갱이들이 쌓여 형성된 화산쇄설성火山瑣屑性 퇴적층이다.

대지가 요동을 치는 격변기 속에서도 선소해안은 그런대로 생명체가 견딜 만했던 모양이다. 지금처럼 생긴 바닷가는 물론 아니었다. 오늘날의 한반도 남해안은 지구의 지각운동에 따라 옛날의 뭍이 가라앉는 바람에 그어졌다는 학설을 비춰 볼 때 그렇다. 어떻든 물기를 약간 머금은 공룡 서식지에서는 못이나 늪 같은 웅덩이와 함께 멀리 활화산이 보이는 풍경이 연출되었을 것이다. 그래서 선소해안은 공룡에게 오아시스가 분명했다.

공룡의 시대는 백악기를 마지막으로 막을 내렸다. 공룡이 멸종한 까닭 중 하나는 포유류가 알을 먹어 치웠기 때문이라는 학설이 있다. 선소해안 화석층에서는 이 이론을 얼마만큼 뒷받침하는 새로운 증거도 찾아냈다. 공룡이 알을 낳은 둥지 밑에 생긴 설치류齧齒類의 굴 흔적이 그것이다. 분석 결과 공룡알 둥지에 쌓였던 화산재가 설치류의 굴로 스며들어 나중에 응회암으로 굳어졌음이 밝혀졌다. 본래의 공룡알 둥지에 설치류가 알을 훔쳐먹기 위해 뚫어 놓은 굴을 화산재가 채웠다는 사실은 화석의 색깔로도 구별된다는 것이다.

한반도 남해안의 공룡연구는 지난 1996년부터 한국공룡연구센터 주도로 이루어진 발자국 조사가 그 효시다. 전라남도 해남군 산이면 우항리와 여수시 5개 섬 지역, 경상남도 마산시 호계리 등에서 많은 공룡 발자국이 발견되었다. 거의가 거대한 몸집의 초식성 조각류 공룡의 발자국들이라고 한다. 그리고 내륙으로 좀 들어간 전라남도 화순군 서유리에서는 육식을 즐겼던 수각류獸脚類공룡의 발자국이 나왔다.

이들 공룡의 발자국 화석지 가운데 해남 우항리에서는 익룡의 발자국을 440여 개나 찾아내기도 했다. 여기는 세계 최대의 익룡 발자국 유적으로 평가받는 화석지다. 발자국의 주인공인 익룡에게는 '해남이크

누스 우항리엔시스Haenamichnus uhangriensis'라는 새로운 종명이 돌아갔다. 우항리 익룡이 보여주는 것처럼 발자국은 거의 영원한 생명의 지문指紋일 수도 있다. 발자국에는 어떤 종의 공룡이었는지, 또 크기와 생김새는 어떠했는지도 추정할 수 있는 근거가 되기 때문이다.

거의 완벽한 상태로 출토된 새끼 공룡의 뼈대. 하드로 사우루스로 추정되는 이 공룡의 크기는 약 2m이다.

지구상에서 공룡을 본 인류는 아무도 없다. 공룡이 모두 사라진 백악기 말기로부터 6,300만 년이 더 넘는 세월이 흐른 신생대 제4기에 가서야 겨우 인류의 조상이 출현했으니까. 처음 공룡이라는 말을 쓰기 시작한 것은 지난 19세기 중엽이다. 그 무렵부터 쌓여 온 학문적 업적 덕택에 오늘날 지질학자나 고생물학자들이 이 파충류에 보다 가까이 다가갈 수 있었다.

그 넓은 남해 바닷가 선소해안에서 새끼 공룡뼈를 용케도 찾아낸 주역은 한국공룡연구센터 허민 소장(전남대학교 지구환경과학부 교수)이다. 그는 "이번에 선소해안에서 찾아낸 공룡의 뼈대는 지금까지 한반도에서 발견한 것 가운데 가장 완벽합니다"라고 말했다. 또한 "세계 다른 나라에서 발굴한 하드로사우루스류 공룡뼈보다 뼈 자체가 매우 넓고 두꺼운 특징을 보여 새로운 종명을 얻을 가능성이 높습니다"라는 의견을 덧붙였다.

- 내셔널지오그래픽 한국판 2005년 1월호 -

••2
세계고고학지도를 바꾼 한탄강 돌도끼

한반도 최고의 전기구석기유적이 자리한 경기도 연천군 전곡리 일대의 한탄강. 현무암 용암대지가 절벽을 이룬 한탄강 경관이 아름답다.

한반도에서 가장 좁고 긴 계곡 추가령구조곡 140km를 따라 임진강 지류인 한탄강이 흐른다. 한국전의 전략요충지로 널리 알려진 '철의 삼각지대'와 그 언저리의 백마고지와 '저격의 능선' 등 여러 격전지가 이 강의 발원지다. 한탄강 물길은 강원도 평강과 철원에 이어 경기도 연천을 잇는 현무암의 용암대지를 지나 임진강과 합류한다. 그러는 사이 좁은 골짜기와 수직의 절벽이 어우러져 강 주변 경관은 더욱 아름다웠다.

우리가 여기서 주목하려는 부분은 경기도 연천군 전곡리의 한탄강유역 용암대지다. 발원지에서 남남서로 달려온 한탄강 물길이 반원을 그리면서 용암대지를 휘감고 지나가 경관이 빼어나게 아름답다. 그러나 더 중요한 것은 한반도에 처음 발을 들여놓은 최초의 인류가 남긴 생활흔적이 이 용암대지 곳곳에 촘촘히 박혀 있다는 사실이다.

전곡리유적이 세상에 처음 알려지기까지는 한국전 이후 줄곧 중서부

전선 이웃에 주둔한 한 미군 병사의 역할이 컸다. 한탄강 남쪽 동두천 미 공군 기상대대 소속의 그렉보웬이 그 주인공. 1978년 4월 어느 날 한국인 아내와 함께 한탄강 유원지에 들렀을 때, 돌연모 한 점이 보웬의 눈에 들어왔다. 그는 돌연모를 가지고 당시 서울대박물관장이었던 고故김원룡 교수의 연구실을 찾았던 것이다.

보웬의 발견으로 시작된 전곡리유적 발굴은 1978년부터 서울대박물관을 중심으로 5개 연구기관이 참여한 가운데 이루어졌다. 그 이후 2002년까지 모두 11차례에 걸친 발굴조사에서 자그마치 4,000여 점이 넘는 돌연모를 거두었다. 가장 많은 유물은 몇 가지형태의 주먹도끼다. 창끝처럼 뾰족한 첨두형과 살구씨 모양의 행인형으로 구분되는 전곡리 주먹도끼는 세계고고학지도에 그린 '아슐리안 문화분포도'를 바꿔놓았다.

아슐리안 문화로 대표되는 주먹도끼 따위의 안팎뗀돌연모兩面核石器가 동아시아에는 없다고 단언한 하버드대학 하멜 모비우스의 주장을 뒤엎은 자리가 바로 전곡리 유적이었다. 아프리카·유럽·중동·서남아시아 외에는 아슐리안 문화가 없고, 다만 찍개문화전통이 존재한다는 그의 주장은 한동안 정설처럼 받아들여진 적도 있다. 그런데 동아시아에서는 처음으로 아슐리안 문화의 그림자가 짙은 주먹도끼들이 전곡리 유적에서 출토되었다. 이어 중국의 보세 등 몇몇 유적에서도 주먹도끼 공작工作이 발견되어 모비우스의 주장은 설득력을 잃고 말았다.

주먹도끼는 150만 년 전 아프리카에서 처음 사용된 이후 10만 년 전까지도 계속 만들었던 돌연모이기도 하다. 아프리카와 유럽에서 나오는 주먹도끼는 날을 정교하게 다듬은 반면 동아시아지역에서는 거칠게 다룬 주먹도끼들이 주로 출토되었다.

전곡리유적의 주먹도끼는 몸돌石核에서 큼직하게 떼어낸 돌조각을 손질해서 만들었기 때문에 몸통이 좀 두껍다. 그래서 전형적인 아슐리안 솜씨에 비해 원시적이기는 하지만, 유럽에서도 그런 생김새의 주먹도끼를 아슐리안 문화 속에 집어넣었다. 전곡리를 비롯한 동아시아지역 출토 주먹도끼를 다양한 아슐리안 문화의 한 갈래로 보아야 하는 이유도 바로 여기에 있다.

아슐리안 문화를 대표하는 주먹도끼는 전기구석기시대에 한껏 발전한 만능의 돌연모였다. 아마도 사냥과 도살은 물론 가죽이나 뼈 따위를 다루는 데 사용했을 것이다. 사용 흔적을 분석한 결과 다목적으로 쓰인 것이 분명했다. 인류가 돌을 써서 창조한 가장 진보적인 연모인 주먹도끼의 제작공정은 무척 까다롭다. 몸돌에서 떼기 작업 때부터 모양을 다듬고, 날을 낼 때까지 돌감에 따라 달리 나타날 여러 현상을 미리 짐작하지 않고는 도저히 만들 수 없는 연모다. 그래서 경험을 바탕으로 한 기억력과 창의력이 요구되었다. 인류의 사유思惟가 분명히 깃들인 주먹도끼를 '위대한 전통'이라 말하는 까닭도 거기 있다. 그런 일련의 능력은 사고의 진화를 부추겼을 것이다.

전곡리 구석기인들은 흔히 차돌이라고 부르는 규암과 흰색의 백석영을 재료로 썼다. 더러는 편마암과 응회암으로도 돌연모를 만들었다. 돌감은 모두 한탄강 유역에서 거두었다. 전곡리 일대의 땅 맨 밑바탕은 지구 표면이 이루어지기 시작한 시생대 선캄브리아기의 편마암과 화강암이다. 또 중생대의 응회암이 철원과 연천 사이에 널리 퍼졌다. 그 위를 뒤덮은 오늘날 한탄강 유역 현무암은 신생대 마지막 제4기 중기

홍적세 때 쌓인 것이다.

휴전선 넘어 평강 남쪽의 오리산 분화구에서 뿜어낸 용암은 고기古期의 한탄강 유역 낮은 지역을 메우며 문산까지 흘러내려 갔다. 지금 전곡리 한탄강 유역의 용암으로 이루어진 현무암층에서는 수직으로 틈새를 드러낸 절리 현상이 보인다. 현무암층은 모두 두 켜이고, 현무암 전체 두께는 17~20m에 이른다. 포타시움 아르곤연대측정 등 몇 가지 방법을 거쳐 밝혀낸 현무암의 연대는 약 50만 년 전으로 나왔다.

그 현무암 대지 위로는 퇴적물이 차츰 쌓여갔다. 용암이 물길을 막아버리면 호성층湖成層의 자갈과 모래가 쌓였고, 다시 물길이 열리면 모래가 쓸려와 하성층河成層을 이루었다. 그렇듯 변화무쌍한 대자연의 에너지가 만들어놓은 호성층과 하성층에 또 다른 퇴적물 점토가 아주 천천히 덮이면서 언덕배기를 이루었다.

그 무렵 인류가 보금자리를 틀어 오늘의 전곡리 구석기유적을 남겼다. 구석기인들이 살았던 '찰흙의 언덕'은 바람과 대기를 타고 날아온 흙먼지로 이루어진 풍성층風成層이라는 견해가 요즘 설득력을 얻고 있다. 엄청나게 추웠던 홍적세

전곡리 구석기유적을 발굴하는 한양대박물관팀. 빙하기의 흙먼지가 켜켜로 쌓여 이루어진 이 유적은 진흙의 언덕에 자리 잡았다.

빙하기의 서해에는 흙먼지가 얼마든지 편서풍에 실려와 쌓일 수 있다는 이야기다. 또 중국 북부의 내륙과 몽골의 흙먼지도 풍성층 형성을 거들었다.

전곡리유적 찰흙층 가운데는 깊이가 8m에 이르는 지점도 보인다. 그 찰흙 속에 나타나는 돌연모들은 대체로 안정적 퇴적과정을 거친 유물이다. 더구나 제2지구의 경우는 퇴적의 층서層序가 거의 뚜렷했고, 500여 점의 돌연모가 같은 바닥에서 나왔다. 그중에서는 여러 조각의 돌연모를 한 덩어리로 모으면 원상태의 돌로 접합할 수 있는 유물도 끼어 있었다. 이는 돌연모가 밀집한 바닥에서 함께 제작됐다는 사실을 증거하는 흔적이다.

그러면 전곡리유적에 살았던 구석기인들은 누구인가. 아마도 호모에렉투스이거나, 이보다 약간 늦은 시기의 호모 사피엔스일 것이다. 전곡리유적관에는 전곡리 사람의 얼굴 그림이 걸려 있다. 중국 조코우티엔 유적의 바로 선 사람에 비해 이마가 더 반듯하고, 눈두덩이 그리 튀어나오지도 않았다. 어깨가 구부정한 고인류의 티를 어느 정도 벗은 그런 사람

전곡리 유적에서 출토된 갖가지의 돌연모. 미국의 고고학자 모비우스가 동아시아에는 없다고 주장한 안팎뗀돌연모인 주먹도끼가 발견되었다.

을 풍부한 상상력과 학설을 빌려 그린 그림이다.

어떻든 그들은 한탄강과 그 강변을 따라 전곡리로 들어왔다. 그들이 살았던 선사시대의 강과 강변은 오늘날 고속도로와 같은 통로였다. 현대 인류도 추가령 골짜기 한탄강을 따라 원산으로 가는 철길과 도로를 열었다는 사실을 고려하면, 고인류의 생각과 별로 다를 것이 없다. 그리고 구석기인들이 뛰놀았을 북위 38°1′ 선이 지나가는 '찰흙의 언덕' 유적지에서는 해마다 5월이면 오늘의 한국인들이 축제를 벌인다. 전곡리 구석기인들이 지금을 사는 사람들에게 직계 조상은 아닐지라도, 그 인류는 아직도 그렇게 면면히 살아 숨 쉬는 것이다.

전곡리유적(사적 제256호)일대 42만 평은 모두 국가의 보호를 받는다. 지금의 발굴조사 주체는 한양대 문화인류학과와 한양대박물관이다. 지난 1995년부터 발굴조사를 주도한 배기동 교수는 유적을 다음과 같이 정리한다. "전곡리에서 나온 아슐리안 주먹도끼는 동아시아 구석기문화를 다시 생각하는 계기가 되었습니다. 그래서 세계 각지의 구석기 공작의 다양성을 새롭게 논의했고, 세계 여러 고고학문헌도 전곡리 유적을 상세히 소개하기 시작했지요. 유적의 연대가 숙제입니다만, 측정치가 35만 년 전으로 접근하고 있습니다."

- 내셔널지오그래픽 한국판 2003년 4월호 -

••3
남한강변에 꽃피었던 동북아 후기구석기 문화

　남한강 푸른 물길과 아름다운 바위산이 어울린 충청북도 단양군 적
성면 애곡리 수양개에는 한반도 후기구석기시대의 유적이 자리 잡았
다. 이곳에서는 후기구석기 문화의 표지유물인 돌연모石器가 무더기로
출토되었다. 정교하게 만든 이들 돌연모는 하나의 정형定形이 되어 일
본까지 전파되었다고 한다.

동북아 후기구석기 문화가 꽃피었던 충북 단양군
적성면 애곡리 일대의 남한강. 이 유적의 잔돌날몸
돌은 한반도 남쪽을 거쳐 일본으로 전파되었다.

　1983~1996년까지 7차례에
걸쳐 충북대박물관이 발굴한
수양개 유적은 남한강변 해발
140m의 하안단구河岸段丘에 자
리하고 있다. 한반도에서 가장
넓은 구석기시대 한데유적으로
크기는 1,250㎡(약 400평)에
이른다. 홍적층洪積層에 자리 잡
은 이 유적에서는 5개의 문화
층이 확인되었다.

　이들 문화층 가운데 제4층이 후기 구석기시대 문화층이다. 이 문화
층에서 후기구석기시대의 특징을 잘 드러낸 정교한 돌연모가 주로 나
왔다. 돌날을 날카롭게 세워 돌연모 전통을 제대로 갖춘 잔돌날몸돌이
249점이나 출토되었다. 이는 이전 시대에 나타났던 거친 돌연모와는

성격이 사뭇 달랐다. 잔돌날몸돌의 출현은 돌연모를 만드는 데 필요한 고난도의 기술이었던 간접떼기와 눌러떼기 솜씨가 한껏 발달했다는 사실을 보여준다.

동북아시아의 잔돌날몸돌은 수양개 유적에서 서쪽으로 멀리 떨어진 중국 산시 성 샤촨 유적에서 먼저 나왔다. 그러나 잔돌날몸돌을 날렵하게 다듬어 하나의 틀로 완성한 지역은 단양 수양개다. 수양개의 잔돌날몸돌은 한반도 남부인 전남 순천의 곡천 유적 등을 거쳐 일본 규슈 지역의 몇몇 후기구석기 유적으로 전파되었다는 것이 동북아시아 고고학계의 견해다.

이렇듯 돌을 쓸 만하게 다루어 정제한 솜씨를 보여 준 돌연모 중에는 슴베찌르개가 들어 있다. 모두 53점의 슴베찌르개가 수양개에서 나왔다. 나무막대 같은 손잡이에 끼울 줄기를 찌르개와 함께 만든 돌연모가 바로 슴베찌르개다.

수양개를 삶의 터전으로 삼아 후기구석기시대를 살았던 사람들은 사냥을 염두에 두고, 슴베찌르개를 만들었던 것으로 보인다. 이 공격용 돌연모는 위쪽 끝이 날카롭다. 그리고 아래쪽에는 중심축을 좁혀서 손질한 슴베가 달려 있다. 수양개 사람들은 손잡이에 끼운 슴베찌르개를 가지고 사냥에 나섰을 것이다. 슴베찌르개가 무더기로 나온 구덩이 자리는 강가를 벗어난 약간 높은 산마루 쪽이다. 짐승이 자주 내려오는 길목에 미리 사냥용 돌연모를 갈무리했던 것으로 추정할 수 있다.

유적에서는 돌연모를 만들었던 석기제작장 성격의 구덩이가 여럿 발굴되었다. 모두 49군데에 이르는 석기제작장에서는 모룻돌과 망치돌이어 잔돌날몸돌이 떼지어 나왔다. 밀개와 자르개 구실을 했던 잔돌날몸돌은 세련된 돌연모다.

돌연모의 돌감은 셰일(혈암)이다. 찰흙이 엉겨 붙어 암석을 이룬 셰일은 돌결을 따라 쪼개지는 특성을 지녔다. 또 알갱이가 고와 연모로 떼어 냈을 때, 날이 날카롭고 잔손질이 깨끗하게 마무리되는 장점도 지녔다. 그래서 수양개 사람들은 강가의 자갈돌을 외면하고, 다른 데서 나는 셰일을 옮겨 와서 사용했던 것으로 보인다. 이들이 사용했던 셰일은 유적에서 1.5km 떨어진 골짝에서 지금도 나온다.

셰일 말고도 흑요석으로 격지 따위의 돌연모를 만들었다. 모두 100여 점의 흑요석 돌연모가 나왔다. 그리고 소 정강이뼈에 물고기를 새긴 예술품도 나왔다. 먹을거리가 많이 잡히기를 기원한 강가 사람들의 주술적 염원이 담긴 듯하다.

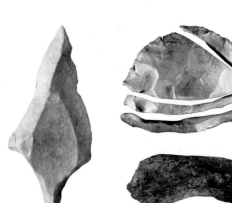

후기구석기시대를 수양개 사람들이 남긴 돌연모와 예술품. 슴베찌르개를 비롯 돌연모를 만들기 위해 쪼개놓은 돌덩이(오른쪽) 등과 함께 뼈에 새긴 물고기 그림(아래)이 출토되었다.

유적에서 출토된 숯을 시료로 한 방사성탄소연대 측정에서 수양개 유적 후기구석기 문화층의 연대는 1만 6400~1만 8000년 전으로 나왔다. 이 무렵 동북아시아에 유행했던 잔돌날 돌연모를 정형으로 가다듬은 인류는 바로 수양개 사람들이다. 이들이 남긴 여러 석기와 돌연모의 잔해는 수양개 유적이 당시 동북아시아 잔돌날 문화의 요충지였다는 사실을 뒷받침하고 있다.

일본 메이지대학은 일찍이 수양개 유적을 주목하고, 이 유적에서 나온 후기 구석기 유물을 복제품으로 만들어 들여갔다. 지난해 2004년 메이지대학은 개교 123주년을 맞아 수양개 후기 구석기 문화를 주제로 한 특별전과 함께 국제학술회의를 대학 박물관에서 열었다.

지난 2005년 11월 7일에는 수양개 구석기 문화를 소개하는 전시관이 유적 현장에 완공되었다. 유적을 발굴한 충북대학교 이융조 교수(고고학)는 수양개 문화를 이렇게 평가했다. "수양개의 돌연모는 동북아시아 일대에 존재하는 한 시기의 특정적인 문화양상을 보여주는 독특한 유물입니다. 중국과 일본의 중간에서 정제된 틀을 완성한 슴베찌르개는 당시의 표지유물이라할 수 있습니다. 그래서 수양개 문화라는 고고학계의 고유명사로 자리를 굳힐 만큼 유적의 중요성이 인정되는 유적이기도 합니다."

- 내셔널지오그래픽 한국판 2005년 12월호 -

••4
우리나라 볍씨, 세계 최고(最古)에 도전하다

중국 유찬얀 볍씨보다 2000년 앞서는 소로리 볍씨

중국 후난성湖南省 다오현의 유찬얀 유적에서 발견된 1만 1000년 전 볍씨가 1990년대까지는 세계 최고最古를 기록했고, 중국은 재배벼의 기

지금으로부터 약 1만3000년 전의 볍씨가 나온 충북 청원군 옥산면 소로리의 후기구석기 유적.

원지로 인정되었다.

그러나 2000년대에 접어들어 중국 볍씨는 강력한 도전에 직면했다. 1997~1998년과 2001년 두 차례에 걸쳐 충북 청원군 옥산면 소로리 토탄층 土炭層에서 더 오래된 볍씨가 발굴된 것이다. 충북대박물관 조사팀이 후기 구석기 유적과 함께 발굴한 토탄층은 전체 10개 층위를 놓고 볼 때 4·6·8층에 해당한다(숫자가 낮을수록 오래된 토양). 토탄층의 연대는 적어도 1만 3000년 전으로 밝혀졌고, 볍씨 또한 같은 연대가 나왔다. 이 연대는 서울대 가속기 질량 분석 연구실과 미국 지오크론 연구소의 분석 결과가 서로 맞아떨어지는 수치다.

충북대박물관 조사팀이 토탄층에서 찾아낸 볍씨는 고대벼 18알과 유사벼 41알 등 모두 59알이다. 이 볍씨들은 6층에 해당하는 토탄층에서 집중적으로 나왔다. 고대벼에는 야포니카형과 인디카형 두 종류가 다 포함되었다. 많은 양의 잡초 씨앗과 풀줄기 따위의 식물 유체遺體와 곤충도 발견되었는데, 곤충 가운데 딱정벌레가 특히 주목을 끌었다. 모두 26마리에 이르는 곤충은 대부분 딱정벌레목目에 속한다. 딱정벌레는 애벌레 때 벼 줄기에 붙어사는 곤충이어서 벼와 깊은 관계가 있다는 결론을 얻었다.

소로리 토탄층 출토 볍씨를 주제로 한 학술적 논의는 1999년 후난성에서 열린 '농업고고農業考古 국제 학술토론회'에서 처음 이루어졌다. 2000년 필리핀의 국제미작연구소 주최 '국제 벼 유전학술회의'에서는 소로리 볍씨가 오늘날의 벼에 가장 가까운 조상으로 35.4%의 유전적 유사성을 지녔다는 사실을 인정했다. 이어 2002년에는 '후난성고고문물연구소 50주년 국제학술토론회'와 폴란드 국제 워크숍에서도 검증을 거쳤다. 특히 그해 청주에서 열린 '아시아 선사농경先史農耕과 소로리 볍씨'를 주제로 한 국제학술회의는 소로리 볍씨를 최종 검증하는 자리가 되었다.

이 청주 학술회의를 통해 소로리 볍씨에서 해결하지 못했던 많은 의문들이 풀렸다. 소로리 볍씨 연대로 밝혀진 1만 3000년 전은 마지막 빙하기의 추위가 극성을 부리고 난 뒤였다. 그러나 추위가 다 물러간 상태는 아니어서 한랭한 기후가 계속되었던 것으로 추정된다. 그런 한랭한 고기후古氣候 환경에서 벼가 과연 자랄 수 있었겠느냐는 의문은 소로리 볍씨의 존재를 부정하는 이유가 되었다. 그러나 오늘날 북위 53도에 위치한 중국 헤이룽장성 유역에서도 벼농사를 짓는다. 그만큼 볍씨가 저온에 대한 적응력이 강하다는 것이다.

그리고 소로리 출토 고대 볍씨를 재배벼로 볼 수 있는

소로리 유적 토탄층에서 발견한 후기구석기시대의 볍씨(위쪽)와 홈날돌연모. 이 볍씨는 몇몇 국제학술의에서 세계 최고(最古)로 검증되었다.

가를 묻는 질문에도 비교적 명쾌한 해답이 나왔다. '순화馴化벼'가 그 해답이라는 것이다. 그러니까 야생벼 다음 단계가 순화벼라는 뜻이다. 소로리 토탄층을 발굴한 충북대학교 고고미술사학과 이융조 교수는 "순화벼가 재배단계를 거쳐 오늘의 농경단계에 이르렀습니다"라고 설명한다. 순화벼의 특징은 나락이 영글어도 저절로 떨어지는 탈립脫粒현상이 없다는 점이다. 그 때문에 야생벼와는 달리 수확을 위해서는 반드시 나락의 꼭지인 소지경小枝梗을 잘라야 한다는 이야기다.

소로리 출토 볍씨에서는 나락 꼭지를 일부러 자른 흔적이 현미경 관찰로 확인되었다. 블라디보스토크 역사민족고고학연구소의 소로리 구석기 유적 출토 흠날돌연모 관찰보고서는 무척 흥미롭다. 돌연모 흠날에 붙은 섬유질 흔적을 찾아냈다고 발표했기 때문이다. 이것은 소로리 일대에서 나락 꼭지를 자를 때 썼던 돌연모로 추정된다.

- 내셔널지오그래픽 한국판 2003년 9월호 -

•• 5
바다와 어울린 늪가의 신석기유적

조선왕조가 저물어갈 무렵인 1854년 봄, 제정 러시아 푸차친함대의 기함 파라다 호가 동해안을 최초로 실측했다. 파라다 호는 대한해협을 빠져나와 울산만에서 두만강 하구까지 이르는 해안을 22일 동안 측량

강원도 양양군 손양면 오산리의 신석기시대 유적이 쌍호 건너 언덕에 자리했다. 우리나라에서 가장 오래된 이 신석기 유적에서는 당시 생활상을 가늠할 갖가지 유물이 출토되었다.

한 뒤, '파라다 호의 수로지水路誌'라는 기록을 남겼다. 그 기록은 동해안과 평행한 산맥 한 줄기를 주목했다. 또한 북위 38°10'쯤에 나타난 큰 산을 관찰하고 나서 '스미드로 파다야 산'으로 기록했다. 아마도 태백산맥과 설악산을 가리킨 모양이다. 러시아인들은 동해안의 지리적 여건을 선박의 피난처는 될지 몰라도, 항구로 쓸 만한 자리는 없다고 평가했다. 단조로운 해안선을 두고 한 말일 것이다.

해안선이 단조로운 까닭은 제4기 때, 솟아오른 땅이 해안선과 평행하게 뻗어 나갔기 때문이라고 한다. 지금도 동해안 곳곳에 보이는 계단 모양의 해안단구는 땅이 몹시 용솟음쳤던 과거 지각운동의 결과물이다. 해안선에서 곧바로 깊어지는 동해는 유난히 푸르다. 바다를 닮아 덩달아 푸른 파도는 항상 뭍으로 밀려온다. 그래서 오랜 세월을 두고 파도가 개먹은 뭍 쪽에는 벼랑이 생겨났다. 오늘날 동해안에 널린 해식애海蝕崖나 파식애波蝕崖가 그것이다. 그리고 경사가 급한 골짜기에서 쓸려 내려온 모래는 바닷가 백사장이 되었다. 이 모든 것이 한 폭의 그림이다.

지금 같은 모양으로 해안선이 형성되기 시작한 시기는 제4기 홍적세의 끝자락 충적세부터라고 한다. 5000년 전쯤 따뜻한 날씨가 찾아왔고, 바닷물이 계속 차올라 현재와 비슷한 해안선이 이루어졌다. 그 무렵의 한반도는 신석기시대였다. 동해안을 따라 남쪽으로 내려가다 보면, 활처럼 휘어진 부분에 신석기시대 유적이 있다. 해안에서 200m 떨어진 강원도 양양군 손양면 오산리의 유적이다. 이곳에서 신석기시대의 여러 집터와 함께 많은 유물이 발굴되었다.

오산리유적 지표면을 조사하는 임효재 교수.

쌍호雙湖라는 두 늪을 거느린 오산리유적은 나지막한 언덕에 자리했다. 쌍호는 물 가까이로 흐르는 바닷물 때문에 생긴 늪이다. 이런 늪을 가리켜

오산리유적 발굴현장에 드러난 불을 땐 자리. 그을린 흔적이 여태까지 뚜렷하게 남았다.

지리학에서는 석호라고 한다. 그러니까 연안해류의 힘으로 생겨난 모래톱이 뭍 쪽의 바다 일부를 갈라놓아 민물의 늪이 된 것이다. 바닷물이 불어난 시기에 생긴 석호는 강릉 북쪽의 동해안에서 흔히 보인다. 쌍호 늪지대 언덕에는 오랫동안 불어닥친 바닷바람으로 모래가 가득 쌓였다. 그 모래언덕 4.5m 아래에 유적이 묻혀있다. 서울대 고고미술사학과 임효재 교수팀이 지난 1981~1985년까지 발굴한 유적에서는 16군데의 움집자리인 수혈주거지와 함께 토기와 돌연모 따위의 유물이 발견되었다.

오산리유적의 생활면에서는 모두 6개 층위層位가 나타났지만, 2개 층위에서는 유물이 나오지 않았다. 생활면에는 삶의 흔적을 담아낸 문화를 반드시 드러내기 마련이다. 생활면을 문화면이라 달리 말하는 이유도 거기에 있다. 일찍 자리를 잡은 사람들 뒤로 오랜 세월이 흐른 다음에는 다른 사람들이 들어왔다. 그러고는 이전 사람들이 닦은 생활 터전 위에 새로운 보금자리를 가꾸었다. 그 때문에 시대가 겹친 유적에서 아래층 연대가 위층 연대보다 높을 수밖에 없다. 맨 위층은 청동기시대 층위고, 그 아래 2·3·5층은 신석기시대 층위로 밝혀졌다. 신석기 층위들 가운데 먼저 들어온 사람들이 자리를 잡은 5층은 매우 중요한 의미를 갖는다. 지름 6m의 둥근 움집자리 6개 터와 함께 집안에서 70×70cm의 네모꼴 화덕자리가 나온 완벽한 주거유적이었다. 또 이른 시기의 토기류와 진보한 형태의 돌연모도 발견되었다. 토기 중에는 좁은 밑바닥에 비해 몸통이 넓은 바리모양토기鉢形土器가 큰 비중을 차지했다. 토기의 무늬는 거의 모두 주둥이 쪽으로 몰려 있다. 이는 오산리유적이 초기 신석기시대였음을 보여준다. 오산리유적을 발굴하기 전에 함북 선봉군 서포항과 부산 영도구 조도에서도 이와 같은 종류의 토기가 이미 출토되었다. 이들 모두 동해안에서 발견된 신석기시대 유물들이고, 그중 초기 신석기시대 바리모양토기는 동한東韓토기로 분류된다. 그런데 숯을 시료施料로 한 방사성탄소연대측정 결과, 오산리유적 5층의 연대는 기원전 6000~5000년 사이로 나와 지금까지 발굴한 신석기유적의 측정 연대 중 가장 이른 것으로 나타났다. 한반도 최고最古의 신석기 유적으로 밝혀진 것이다.

그 5층에서 나온 돌연모는 낚시몸돌, 네모꼴돌칼, 흑요석돌날 등이다. 돌을 깨고 다듬어 만든 이른바 결합식 낚시의 몸돌이 여러 점이나 출토된 것으로 미루어 신석기시대 오산리 사람들은 고기잡이를 가장 큰 생계수단으로 삼았는지도 모른다. 뼈를 갈아 만든 바늘을 묶어 쓰도록 고안된 낚시몸돌과 위층에서 나온 자갈돌 어망추에서 그런 사실

을 유추해 볼 수 있다. 쌍호 늪과 그 하구 쪽의 바다
는 그들의 어장이 분명했다. 그리고 오
산리에서 지척인 북쪽 남대천은
지금도 늦가을이면 연어가 떼지어
돌아오는 '물 반, 고기 반'의 냇물
이다. 여름이면 블라디보스토크
까지, 겨울이면 가까운 북쪽 고성까
지 이르는 난류성 동한해류가 오산리

오산리유적 출토품인 결합식 낚시 세트.

해안으로 지나간다. 그 해류는 바다의 풍어豊漁를 의미하거니와, 겨울
철 해안지역을 따뜻하게 감싸는 고마운 자연현상이다. 그렇다고 오산
리 신석기시대 사람들이 물고기만 잡아먹고 산 것
은 아니었다. 돌촉 같은 돌연모에서는 날랜 짐승
을 사냥한 정황이 보인다. 돌촉과 활의 발명은
신석기시대에 이루어진 새로운 문명의 진화이
기는 하지만, 인류에게 재앙을 안겨준 전쟁의
시발과 무관치 않다고 생각하는 학자들도 있다.
그러나 오산리유적의 경
우, 집터의 숫자로 보
아 전쟁을 일으킬 만
한 부족집단의 마을은
아니었을 것이다. 유적에
서 나온 흑요석의 원석原石은
백두산이 그 산지라고 한다. 또 한

오산리유적
에서 나온 신
석기시대 유물인
덧무늬토기. 이 토
기는 동한토기로
도 분류된다.

가지 흥미로운 사실은 오
산리유적에서 나온 덧무늬
토기隆起文土器를 닮은 신석
기시대 토기가 일본 쓰시마 고시다카越
高유적에서 발견되었다는 점이다. 동해

어망에 매달았던 그물추.

안을 돌아서 대한해협을 건너갔다는 사실이 놀랍기만 하다.

　오산리유적에서 빼놓을 수 없는 출토품은 진흙으로 빚어 구운 테라
코타 얼굴상이다. 두께 1.5cm, 길이 5.7cm, 너비 4.4cm 크기로 납작

신석기인들이 흙을 빚어 구운 테라
코타 인물상.

하게 얼굴을 빚은 다음 손가락으로 꾹 눌러
두 눈과 입을 표현했다. 일부러 볼을 눌
러 코를 높게 부각시킨 반추상半抽象의 미
술품이다. 신석기시대와 같은 원시사회
사람들은 산천초목이나 무생물에도 생명
력의 근원이 되는 정령精靈이 깃들인다고
믿었다. 오산리 사람들은 얼굴 모양 테라코
타에 풍요와 다산을 기원하는 정령을 불어
넣지 않았을까. 오산리 신석기유적은 미국
덴버대학 고고학자 사라 M.넬슨 교수의 소설 '영혼의 새'의 무대가 되
기도 했다. 평화롭고 아름다웠을 오산리는 오늘날 '세계고고학지도'에
한점으로 표시되고 있다. 양양군은 현재 유적에서 멀지 않은 쌍호 늪
언덕에 '오산리유적관'을 완공시켰다.

- 내셔널지오그래픽 한국판 2003년 7월호 -

••6
선사인들이 남긴 해양생물 표본실

한반도 해안지대에 자리 잡은 신석기시대의 조가비더미 쓰레기 속에는 토기와 돌연모 따위의 유물이 묻혀 있기 때문에 당시 문화상이 엿보인다. 그래서 바닷가 조가비더미는 타임캡슐 같은 문화유적이기도 하다.

부산시 영도구 동삼동 750-1번지 일대 바닷가 3,689㎡의 조가비더미는 그런 신석기시대 유적으로 한반도 남해안 일대의 신석기시대 조가비더미 유적 가운데 규모가 가장 크거니와, 여러 문화층이 겹쳐 있다. 맨 아랫바닥 제1문화층으로부터 제2문화층과 제3문화층이 켜켜로 쌓였다. 출토된 동물뼈를 시험자료로 한 방사성탄소연대 측정에서 유적의 연대는 기원전 5390년(오차±50년)~2995년(오차±40년)까지로 밝혀졌다. 신석기시대 이른 시기부터 늦은 시기까지 2,400여 년의 세월을 두고 이루어진 유적이다.

이 유적의 주인공이었던 동삼동 신석기인은 구석기인들이 짐승사냥으로 먹거리를 얻었던 것과는 달리 바다로 눈을 돌려 먹거리를 찾았다. 조가비 더비에서 나온 41종의 조가비류와 16종의 어류, 3종의 갑각류는 이를 입증한다. 이매패강二枚貝綱에 들어가는 홍합과 참굴이 동삼동 조개더미를 형성한 주체다. 그리고 길이가 130mm가 넘는 국자가리비와 왕우럭조개도 들어가 있다.

동삼동 조가비더미는 한반도 남해안에서 자라는 조가비 모두를 한군

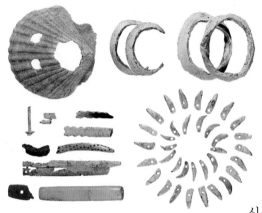

데에 모아놓은 해양생물 표본실인 셈이다. 껍데기 속에 감췄던 머리를 내밀고 기어가는 연체동물 복족 강복足綱에 속한 전복류와 소라과 까지도 유적에 끼어들었다. 그리고 동삼동 신석기인들은 먼 바다로 나가 모래 속에 사는 투박조개와 국자 가리비도 잡아왔다. 투박조개로

부산 영도구 동삼동 조가비더미에서 나온 갖가지 유물. 가리비탈을 비롯 조가비 팔찌와 상어 척추를 가공한 치레걸이 등이 보인다.

는 팔찌 따위의 장신구를 만들고, 큰 가리비조가비에다는 눈과 코를 표시하는 구멍을 뚫어 탈을 다듬었다.

동삼동 유적에서 나온 가리비 탈은 신앙가면信仰假面으로 보인다. 원시집단사회를 이끈 우두머리가 카리스마적 위엄을 드러내기 위해 탈을 만들어 썼을 것이다. 이는 유적에서 나온 호랑이의 발톱과 함께 샤머니즘 그림자가 어른거리는 유물이다. 호랑이의 날카로운 발톱이 상징하는 용맹성은 샤먼의 부적으로 안성맞춤이었을지도 모른다.

그들은 호랑이 말고도 큰곰과 우수리사슴, 멧돼지 따위의 여러 동물을 뭍에서 사냥해서 영

부산 영도구 동남동 조가비더미에서 발견한 개머리뼈.

도로 가져온 흔적을 남겨 놓았다. 그렇게 잡아들인 젖빨이동물은 16종에 이르는데, 소 이빨 하나가 조가비더미에서 출토되었다. 더구나 개의 얼굴 생김새와 크기를 가늠할 수 있는 개 머리뼈가 유적에서 나왔다. 개를 가축으로 길들이기 시작했다는 사실은 신석기시대 사람들이 떠돌이 생활을 청산하고, 붙박이로 눌러앉아 살았다는 것을 의미한다.

신석기시대 중기에 접어들면, 농사를 지었을 것이라는 의견이 조심스럽게 제기되고 있다. 돌괭이와 반달돌칼 등 농사 관련 돌연모들이 유적에서 나오기 때문이다. 또 거두어 들인 곡식을 가공할 때 사용한 갈돌도 농사와 무관하지 않다는 것이다.

동삼동 신석기인들은 상어류도 많이 잡았다. 상어류의 척추뼈는 구멍을 뚫어 드리개로 사용했을 것이다. 상어류의 먹거리로 늘 공격대상이었던 강치 또한 신석기인들이 즐기는 사냥감이었다. 그래서 39마리 몫의 강치뼈가 쏟아져 나왔다. 그들은 고래까지 잡아들였다. 참돌고래를 주로 잡았고, 때로는 보다 큰 병코돌고래도 포획했다. 그렇다고 본격적인 고래사냥은 아니었을 것이다. 정어리 같은 물고기 떼를 쫓아온 고래를 좁은 만으로 몰아 몽둥이로 때려잡지 않았을까.

신석기 시대는 새로운 문화 하나를 꽃피운 창조의 시기였다. 신석기인들은 인류 역사상 처음으로 찰흙을 빚어 불에 구워낸 그릇을 만들었다. 바로 토기라는 질그릇이다. 신석기시대 토기에서는 과학성이 엿보인다. 동삼동 조개더미 출토 토기를 분석한 결과 고온에서 화학반응을 일으키는 석영과 장석, 안산암 성분의 물질을 찾아냈다고 한다. 이 같은 물질들이 바탕흙과 함께 섞인 다음 550~830℃의 높은 불길을 만나 토기로 태어났을 것이다.

유적 맨 아랫바닥인 이른 시기의 문화층에서는 둥근밑바닥토기를 비롯해 잔금돋을무늬토기가 나온다. 이어 신석기시대 중간시기에 해당하는 가운데 문화층에서는 굵은빗살무늬토기와 붉은간토기가 출토되었다. 그리고 가장 늦은 맨 위 문화층에서는 겹입술토기와 굵은돋을무늬토기가 나오는 등 시대마다 토기 모양이 서로 달랐다. 또 화덕자리가 발견되었고, 사슴을 그려 넣은 토기 조각이 나와 주목을 끌기도 했다.

그리고 굵은돋을무늬토기 따위가 출토된 유적 맨 위층에서는 한반도 신석기문화의 영향을 받은 일본 조몬시대의 소바타토기가 나왔다. 이는 유적에서 나온 일본산 흑요석과 함께 신석기시대에 이미 한반도 남쪽에서는 일본과 교류가 이루어졌다는 사실을 암시한다. 신석기시대의 동삼동 지역은 오늘날 무역항 성격의 한반도 동남해안의 거점지대였을 것이다.

- 내셔널지오그래픽 한국판 2004년 5월호 -

••7
창녕 비봉리 언덕서 만난 신석기 문화

한반도의 신석기시대는 BC 8000~1500년까지 계속 이어졌다. 최근 들어서는 BC 1만~2000년까지 올려서 보는 의견도 있다. 어떻든 이 시대를 살았던 신석기인들은 떠돌이 버릇을 얼마만큼 청산한 인류였다. 그래서 진득하게 한 군데 눌러앉기 시작했다. 이처럼 바뀐 삶 속에서 흙을 빚어 처음으로 토기를 구워 낸 인류 또한 이들 신석기인이었다. 불기운이 550°를 약간 웃도는 화도火度에서 구워 낸 보잘것 없

경남 창녕 비봉리 신석기유적 실측작업에 나선 국립김해박물관 발굴팀. 돌을 깔았던 부석 흔적이 뚜렷하게 드러났다.

는 그릇이었지만, 붙박이 생활에서 비롯한 인류 최초의 창조적 문물이었다.

신석기인들이 정착한 흔적을 뚜렷하게 보여 주는 유적이 경상남도 창녕군 부곡면 비봉리에 있다. 국립김해박물관이 지난 2004년 11월 발굴에 들어가 최근 공개한 이 유적은 월봉산 자락에 자리 잡은 저습지유적이다. 유적 앞으로 흐르는 청도천 냇물은 4km 떨어진 낙동강 물길과 맞닿는다. 유적에서 남해안까지의 거리는 40km에 이른다. 한반도 신석기시대는 기후가 지금보다 따뜻했기 때문에 빙하가 녹아내려 바닷물 수위가 높아졌을 것으로 추정된다. 낙동강을 밀고 올라온 바닷물이 민물과 뒤섞여 유적 가까이서 찰랑거렸을 법도 하다.

유적을 저습지성低濕地性 조개더미로 분류한 것도 지리적 환경과 무관하지 않다. 조개더미는 바다의 굴과 고막, 민물의 재첩껍데기가 차곡차곡 쌓여 이루어졌다. 청도천 냇가 비봉리에 살았던 신석기인들은 바다와 민물 조개를 모두 잡아 먹을거리로 삼았다는 이야기다. 한반도에

서는 처음으로 발굴한 신석기시대 저습지성 조개더미 유적에서는 신석기시대의 대표적 표지문물인 토기류도 쏟아져 나왔다. 더구나 신석기시대 전 시기에 걸친 토기류가 모두 포함되어 주목을 끌기도 했다. 농사를 지으면서 들짐승을 가축으로 길들인 흔적도 보여 주었다.

비봉리 조개더미에는 여러 층이 켜켜이 쌓여 있다. 현재까지 발굴된 층위는 모두 45개다. 14층 이하가 신석기시대 유물 포함층이고, 조개 껍데기가 쌓여 있는 패층貝層은 25층 이하에서 확인되었다. 11~13층은 청동기 시대 유물 포함층이고, 그 위는 청동기 시대 이후에 형성된 층이다.

25층과 31층, 38층에서는 사람이 손질한 돌을 일부러 깔아 놓은 이른바 부석층이 확인되었다. 발굴팀은 돌이 깔린 층을 위에서부터 차례로 따져 제1부석층, 제2부석층, 제3부석층으로 나누었다.

유적 맨 아래 제3부석층에서는 가장 이른 시기에 만든 돋을무늬토기隆起線文土器가 나왔다. 그다음 시기에 이루어진 제2부석층에서는 눌러찍은무늬토기押捺文土器가 나왔고, 마지막 시기의 제1부석층에서는 굵은줄무늬토기가 출토되었다.

제2부석층에서는 동물그림토기편이 발굴되었다. 금을 그어 새긴 동물그림은 언뜻 물고기처럼 보인다. 그러나 등에 돋아난 돌기와 함께 두 발을

비봉리 유적 제21층에서 발굴된 갈무리구덩이. 각종 씨앗류가 드러난 이 구덩이에서는 씨앗류와 곡물을 가공하는 갈판과 갈돌도 찾아냈다.

그려 놓은 것으로 보아 물고기는 아니다. 그리고 머리 쪽에는 눈이나 코를 표현하기 위해 의도적으로 두 점을 찍었고, 몸통에는 얕은 빗살무늬를 가득 채웠다.

그래서 깨어진 토기편이기는 하지만, 돼지를 그린 것으로 추정하고 있다. 이는 한반도에서 가장 오래된 동물그림일지도 모른다. 사육의 증거가 가장 확실한 신석기시대 동물은 개였지만, 이 시기에 돼지도 사육했을 것으로 보는 학설이 없는 것은 아니다. 한편 제1부석층에서는 개의 머리뼈가 나왔다.

제1부석층에서는 또한 흥미를 자아낼 수밖에 없는 인간의 배설물인 똥화석 한 덩어리가 출토되었는데, 광주시 신창동 초기 철기시대의 저습지 유적에 이어 두 번째다. 한반도에서 가장 연대가 높게 올라가는 이 똥화석은 전기신석기시대의 배설물이 굳어 화석으로 변한 것이기 때문에 당시 사람들이 무엇을 먹을거리로 삼았는지 과학적으로 분석할 수 있는 근거가 되었다.

그러나 굳이 똥화석을 빌려 먹을거리를 분석할 필요는 없다. 비봉리 유적에서는 여러 가지 식생활 자료가 무더기로 나왔기 때문이다. 21층에서 찾아낸 16기의 갈무리구덩이에서는 도토리, 가래, 솔방울 같은 씨앗류가 출토되었다. 도토리는 낱알뿐 아니라 불에 탄 도토리가루도 나왔다. 이들 구덩이 가운데 일부는 도토리의 떫은맛을 빼기 위한 타닌 제거시설임이 확인되었다. 이와 더불어 도토리 따위의 열매를 가공할 때 썼던 갈돌과 갈판 같은 돌연모가 구덩이 주변에 모였다.

비봉리 신석기인들은 자연산 먹을거리에만 매달려 살지는 않았던 듯하다. 농사를 지어 얼마만큼의 먹을거리를 충당했는데, 그 작물은 조였다. 조개더미층에서 나온 불에 탄 조를 보면, 한반도 남부지역의 농사가 비록 걸음마이기는 했지만 신석기시대 전기에 이미 시작되었다는 증거가 어렴풋하게 보인다. 그리고 고단백의 먹을거리는 들짐승 사냥으로 챙겼다. 멧돼지 어깨뼈와 이빨, 사슴 머리뼈와 턱뼈 등이 제1부석층에서 출토되었다.

돌을 다듬어 만든 결합식 낚시와 어망추 같은 어구는 비봉리 신석기인들의 어로생활을 가늠할 수 있는 유물이다. 이들이 낚아 올렸던 잉어의 뼈가 유적에서 나온다. 또 물고기를 건져 담았을 것으로 짐작되는 마른풀을 엮어 만든 망태기도 나왔다. 이는 한반도에서 처음 발굴한 신석기시대 편물이다.

비봉리 신석기인들이 배설한 똥이 돌덩이처럼 굳은 똥회석. 그들이 섭취한 먹거리를 분석하는 자료가 될 수도 있다.

그리고 날을 갖추어 칼 흉내를 낸 검형목기劍形木器 한 자루가 망태기처럼 썩지 않은 상태로 발굴되었다. 이들 유물이 썩지 않은 이유는 유적에 물이 스며드는 저습지의 특성에 따라 산소가 차단되었기 때문인 것으로 풀이하고 있다.

비봉리 조개더미를 발굴한 국립김해박물관 임학종 학예연구실장은 말한다. "조용한 내만지역에 자리잡은 유적이어서 층이 망가지거나 유물이 뒤섞이지 않았습니다. 그래서 신석기시대 전 기간에 걸친 양호한 토기 편년자료를 얻을 수 있었지요. 또 우리나라에서 처음으로 나온 신석기시대의 여러 가지 유기물 자료는 당시 인류의 생업은 물론 환경과 생태계 연구에 큰 도움을 줄 것을 기대합니다."

- 내셔널지오그래픽 한국판 2005년 8월호-

••8
신석기시대 고래잡이꾼들이 새긴 암각화

인류는 일찍부터 눈에 익은 자연환경의 사물을 표현하고 싶었던 모양이다. 이런 표현의 욕구가 후기 구석기시대에 접어들어 마침내 선사예술을 창조해냈다. 선사예술에는 '벽 예술품'과 '지닐 예술품'이 있는데, 둘 다 당시 신앙을 표현하기 위한 목적으로 제작되었다. 세상에 널리 알려진 프랑스 라스코 동굴의 역동적인 말 그림은 바로 벽 예술품에 속한다. 라스코의 말은 대자석代赭石과 검은색을 써서 동굴 벽에 그렸기 때문에 암화岩畵라고도 한다. 이와는 달리 바위에 새기거나 갈아서 표현한 그림은 암각岩刻이다.

암화나 암각을 뭉뚱그려 흔히 암각화라 부른다. 이런 유적이 한반도에도 존재한다. 울산광역시 언양읍 대곡리 태화강가의 암각화가 그 대표유적이다. 그림 속에는 약 6종의 갖가지 고래와 함께 거북과 상어가 표현되었다. 사람과 짐승을 새겨놓기는 했지만, 암각화의 주제는 어디까지나 고래다. 또 바다가 연상되는 배그림과 고기잡이 장면이 묘사되었다. 그래서 동아시아 유일의 해양계 유적으로 꼽힌다. 한때 고래잡

울산광역시 언양읍 대곡리 반구대 벼랑에 새긴 신석기시대 암각화. 높이 70m, 너비 29m에 이르는 바위벼랑을 캔버스 삼아 새긴 이 암각화에는 고래와 거북이 등 바다의 생명체와 함께 호랑이 따위의 동물이 등장한다.

이가 성하던 장생포 항구가 대곡리로부터 그리 멀지 않다. 이는 대곡리 암각화가 민족지고고학民族誌考古學연구의 중요 자료가 되는 이유 중 하나다.

대곡리 유적은 높이 70m, 너비 29m에 이르는 적갈색 셰일 계통의 암벽이다. 이 암벽의 아래쪽, 강물과 가까운 곳에 위치한 높이 2.5m에 너비가 9m에 이르는 공간을 화포畵布삼아 그림을 새겼다. 신석기시대와 청동기시대가 뚜렷이 구분되는 그림에서는 서로 다른 징표가 보인다. 태화강변 대곡리에 먼저 들어온 신석기인들은 쪼으개 돌연모로 평면 그림을 새겼다. 고래를 중심으로 물짐승이 몰린 평면 그림은 바위 왼쪽에 몰려 있다. 15마리가 넘는 고래떼가 가지런히 머리를 위쪽으로 두고, 물을 거슬러 헤엄치고 있다.

여러 마리의 고래 그림에서는 생태를 꿰뚫어본 흔적이 묻어난다. 특히 두 마리의 고래를 겹쳐 새긴 그림에는 고래의 생태가 잘 묘사되었다. 큰 고래를 그리기 위해 쪼아내기를 하면서 남겨놓았던 공간을 작은 고래 형상으로 다듬어 두 마리를 겹쳐놓은 것이다. 돌고래 어미가 새끼를 업고 헤엄치는 것을 묘사한 그림으로 추정된다. "어미고래가 이동할 때는 새끼고래를 업고 다닌다"는 것이 고래잡이에 몸담았던 장생포 사람들의 증언이다. 또 어미가 새끼를 업는 이유 중 하나는 새끼고래를 환경에 적응시키기 위한 훈련이라는 이야기도 있다.

고래의 등줄기를 따라 작살을 새겨놓은 그림도 보인다. 먼저 작살의 윤곽을 금으로 표시하고 나서, 작살이 박힌 부분을 일부러 강조한 수법을 보여주는 그림이다. 작살 끝에 쪼으기 수법을 사용했기 때문에 꽂힌 부분이 어딘가를 암시한다. 지느러미 바로 아래 심장부에 날카로운 작살끝이 닿았다. 오늘날의 포경선이 고래를 쫓아가 먼저 작살을 겨냥하는 부분도 심장부다. 작살을 맞아 요동을 치는 듯한 이 고래는 흰줄박이범고래라고 한다.

그림 가운데에는 물을 뿜는 고래가 원형原形에 가장 가깝게 묘사되었다. 이는 수염고래로 추정된다. 한반도 동해안과 서해안에 서식하는 수염고래는 떼로 몰려다니기를 무척 좋아한다. 특히 녀석들은 동해안의 울산, 장전, 신포 등지의 해안에서 많이 잡혔다. 그러나 1978년 국제포경위원회에 가입한 우리나라는 1986년의 상업포경전면금지규약을 따라 지금은 한 마리도 잡아서는 안 된다.

어떻든 대곡리 암각화에 나타난 것처럼 한반도에서는 신석기시대에 이미 고래잡이가 본격적으로 이루어졌을 것이다. 이 같은 고래잡이와 관련한 의식도 뒤따랐던 것으로 보인다. 성기를 세우고, 무엇인가를 기원하는 벌거벗은 남자 그림은 제의祭儀를 연상하기에 무리가 없다. 한반도의 성기숭배 뿌리를 이 남자의 그림에서 찾는 학자도 있다. 남근은 남성의 상징이자, 풍요의 상징이라고 한다. 더구나 암각화에서는 남자를 향해 세 마리의 거북과 많은 고래가 물을 거슬러 올라간다. 거북은 장수를 상징하고, 벽사를 뜻하는 물짐승으로 알려져 있다.

그런데 거북 따위의 물짐승은 모두 두 팔을 번쩍 들어 올려 기원하는 자세로 선 남자를 향했다. 그래서 남자 그림은 제의를 주재했던 주술사이거나, 고래잡이의 우두머리로 해석할 수도 있다. 또 날렵한 배모양을 쪼기 수법으로 그렸는데, 고래잡이인 듯한 사람 여럿이 그 배에 올라앉았다. 신석기시대 당시 먼바다에 나가 고래를 잡은 정황은 없지만, 일본 남부지방까지는 항해를 했던 모양이다. 나가사키 근처의 이기리키 신석기 유적에서 발굴된 통나무배는 한반도 신석기인들의 해양활동을 과학적으로 뒷받침했다. 이 배의 재질이 한반도에서만 자생하는 광엽수종廣葉樹種이기 때문이다. 연대측정에서는 지금으로부터 약 5,600여 년 전에 건조한 선체 유물로 밝혀졌다.

한반도에서는 부산광역시 영도구 동삼동 조개무지 등의 신석기시대 유적에서 고래뼈가 나왔다. 후기 구석기시대 사람들이 만든 조각품에도 고래가 등장한다. 그렇듯 인류는 일찍부터 고래를 알았고, 또 그 쓰임새를 차츰 터득해 나갔을 것이다.

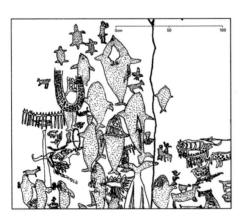

반구대 암각화를 옮겨 그린 도판

암각화에는 사냥한 고래를 잘라 나누어 주는 방법도 그려놓았다. 청동기인들의 작품인데, 먼저 그린 평면의 그림 위에 덧새기거나 따로 새긴 그림을 남겼다. 신석기인들처럼 쪼기 수법을 쓰지 않고, 금을 그어 새긴 이른바 선각線刻그림이다. 고래 분배 방식을 새긴 그림은 속이 들여다보이는 엑스선 기법을 썼다. 또 평면의 그림 사이를 비집고 들어가 큼직한 고래를 뒤집힌 상태로 새기기도 했다. 평면의 고래와 뒤집힌 고래의 배에는 밭고랑 같은 줄이 여남은 들어 있다. 고래잡이꾼들이 한번쯤은 잡아보고 싶어하는 이 고래는 바다 밑 150m까지도 잠수하는 긴수염고래다.

우두머리로 보이는 남성이 성기를 세운 가운데 거북과 고래가 그 앞으로 다가섰다(위). 신석기인의 뒤를 이은 청동기인들은 주로 사슴과 호랑이 따위의 뭍짐승을 새겼다(아래).

금을 그어 새긴 암각화에는 호랑이, 멧돼지, 사슴, 새 따위의 뭍짐승과 날짐승이 포함되었다. 어떤 호랑이는 네모꼴 속에 들어 있고, 울타리와 그물에 갇힌 짐승도 눈에 띈다. 함정에 빠진 호랑이와 길들이는 짐승을 묘사한 그림으로 추정된다. 따라서 대곡리 암각화 유적은 신석기시대와 청동기시대에 바다와 뭍에서 짐승들이 많이 잡히길 기원한 제사 터전이자 사냥을 가르친 교육장이었을 것이다.

- 내셔널지오그래픽 한국판 2004년 1월호 -

한반도의 거석기념물 고인돌

한반도에는 약 3만여 기의 고인돌이 분포되었다. 세계 각 대륙에 분포한 고인돌의 60%를 차지하는 숫자다. '고인돌 왕국'이라 해도 과언이 아닐 만큼 한반도 전역에 널린 선사 유적이 바로 고인돌인 것이다. 지석묘라고도하는 고인돌 본래의 기능은 무덤이다.

고인돌이 한반도에 나타난 시기는 신석기시대 말기라고 한다. 이어 청동기시대를 거쳐 철기시대 초기까지 이어졌다. 고인돌이 가장 널리 유행한 때는 청동기시대다. 그러니까 기원전 1000년 무렵부터 기원전 300년 전후에 이르는 시기에 고인돌이 많이 만들어졌다는 이야기다. 전라남도 화순, 전라북도 고창, 인천시 강화의 고인돌이 한꺼번에 유네스코 세계문화유산으로 등록된 것도 장구한 역사성이 고려되었기 때문일 것이다.

이 선사시대의 무덤들이 우리나라 전역에 산재했지만, 세월이 흐르면서 고인돌은 사람들의 기억 속에서 사라진 유적이 되고 말았다. 그저 '오래전에 성인聖人이 고여 놓은 돌' 정도로 여긴 서기 1200년의 기록이 보일 뿐, 인문과학 이론을 빌려 해석한 흔적은 없다. 옛날의 기록을 보면, 고인돌이 무덤이었다는 사실을 전혀 몰랐던 모양이다. 다만 지석支石이란 말로 고인돌의 모양새를 나타냈을 뿐이다.

한반도의 고인돌을 고고학적 시각으로 들여다보기 시작한 지는 그리 오래되지 않았다. 19세기 말 한국에 온 서양 선교사 칼레스와 가우랜

전라남도 장흥군 생촌리의 대형 고인돌. 남방식 고인돌로 분류되는 이 같은 형식은 주로 경상도와 전라도 지역에 분포되었다.

드가 한반도의 고인돌을 유럽 학계에 소개하면서 주목을 끌기 시작했다. 한반도의 고인돌은 크게 세 가지로 나뉜다. 남방식, 북방식, 뚜껑돌식이 그것이다. 남방식은 널돌이나 돌멩이로 땅 밑에 돌방을 먼저 만들고, 그 위에 뚜껑돌을 얹어놓은 무덤이다. 전라도와 경상도에 널리 퍼져있는 남방식은 받침돌이 없이 그냥 뚜껑돌을 얹는 형식으로 다시 나뉜다. 받침돌을 생략한 뚜껑돌식 고인돌은 한반도 전역에 고루 분포되었다. 북방식은 4개의 널돌을 긴 네모꼴로 세운 다음 뚜껑돌을 얹었기 때문에 마치 책상처럼 보여 탁자식이라고도 부른다.

한반도 고인돌의 기원을 놓고 시베리아 카리스쿠 석상분石箱墳계통의 거석문화로부터 영향을 받았다는 북방설, 뼈만을 간추려 장례를 치르는 세골장洗骨葬풍속과 함께 동남아시아에서 들어왔다는 남방설이 있다. 그러나 학자들은 외부에서 들어왔을 것이라는 전파설보다 한반도에서 저절로 생겨났다는 자생설 쪽에 무게를 더 싣는다.

뚜껑돌의 돌감은 화강암과 편마암이 주류를 이룬다. 때로는 응회암 같은 돌도 사용했다. 응회암으로 된 전라북도 고창군 운곡리 24호 고인돌은 뚜껑돌 무게만도 자그마치 297톤에 이른다. 국내 학자들의 주장을 근거로 할 때, 1톤 무게의 돌을 150m 옮길 때 드는 인력을 약 10명으로 계산해보면 운곡리 고인돌을 옮기는 데 2,970여 명이 동원되었다는 결론이 나온다. 그만한 인력동원이 가능했던 당시 지배자들은 아마도 권력이 상당했을 것이다.

게다가 돌감 모두를 고인돌 부지 주위에서만 떼어온 것은 아니었다. 지금까지 조사한 채석장 거리는 고인돌로부터 가까워야 1km이고, 멀게는 5km가 넘는다. 그런 흔적은 평안남도 남포시 용강군 석천산 등지에서 엿볼 수 있다. 석천산 일대 바위산에서는 큰 돌을 떼어내기 위해 주먹만 한 크기로 구멍을 뚫어놓은 자국들이 발견되었다. 그 구멍에다 마른나무 쐐기를 박은 뒤 물을 계속 부어 쐐기를 부풀리는 방법으로 돌감을 떼어냈다는 것이다.

어떻든 고인돌은 형식과 관계없이 무덤이었다는 사실이 발굴조사 결과 분명하게 드러났다. 조사가 이루어진 고인돌 가운데 76곳에서 인골人骨이 출토되었다. 한반도의 토양 대부분이 산성이라는 지질적 특성은 인골을 빨리 부식시켰다. 모든 고인돌에서 인골이 발견되지 않는 것은 그 때문일 것이다. 그러나 평안남도 성천군 용산리 5호 고인돌에서는 38명에 해당하는 인골이 나왔다. 인골이 가장 많이 나온 지역은 평안도이고, 그다음은 황해도와 충청도. 충청북도 제천시 황석리 고인돌에서는 20~30세가량의 남자 시신을 펴서 묻은 인골이 거의 온전한 상태로 발굴되었다. 그리고 황석리 13호 고인돌에서는 어린아이의 머리 뼈까지 나왔다.

고인돌에서 출토된 인골에 나타난 특징은 대체로 뼈가 튼튼하다는 것이다. 체질인류학 해석에 따르면, 이는 생전에 충분한 영양을 섭취하며 살았다는 것과 이들의 신분이 사회를 지배한 상층계급이었다는 사실을 의미한다는 것이다. 고인돌에 묻힌 어린아이 인골을 통해서도 당시 사회상을 읽을 수 있다. 비록 어린아이였을지라도 보호자의 신분에 귀속되어 그만한 혜택을 누렸던 것으로 해석할 수 있기 때문이다.

그래서 고인돌에서 엿볼 수 있는 일련의 현상은 사회발전단계론의 틀 속으로 끌어들여 해석하는 학자들도 있다. 신진화주의를 주창하는 이들은 사회발전단계의 하나인 족장 사회를 바로 고인돌 사회로 규정했다. 고인돌의 축조 과정에서 볼 수 있는 것처럼 엄청안 노동력과 경제적 통제수단을 갖춘 세력자가 지배한 사회였다는 것이다. 이 시대는 고인돌 축조와 옥제품 가공, 토기제작 등에 종사하는 기술인력 기반의 전문집단도 생겨나 국가사회로 가는 기틀을 다진 시기이기였다고 한다.

충북 옥천군 석탄리의 안터 선돌. 안터 고인돌과 일직선상에 놓인 이 선돌은 임산부를 상징한 것으로 해석한다.

고인돌에는 당시 사람들의 가치관이나 예술성도 투영되었다. 뚜껑돌에 오목하게 새긴 이른바 성혈性穴을 오늘날에는 별자리로 보고 있다. 한때 풍요와 다산을 상징하는 것으로 보았던 성혈을 별자리로 여길 만한 고인돌은 한반도 전역에 11군데나 분포한다. 충청북도 청원군 아득이 1호 고인돌 돌방에서 발견된 널돌에 새긴 성혈은 기원전 500년쯤에 나타난 별자리와 실제 맞아떨어진다는 것이다. 그 널돌에는 북두칠성, 용자리, 작은곰자리, 케페우스, 카시오페이아를 새긴 것으로 밝혀졌다.

그리고 충청북도 옥천군 석탄리 안터 고인돌 돌방에서는 돌멩이 얼굴상이 나왔다. 길이 12cm, 너비 9cm, 두께 2cm 정도의 강돌에다 두 눈과 입을 새겼다. 실눈을 애써 표현한 이 선사 미술품에서는 다소곳한 여인의 자태가 우러난다. 안터 고인돌로부터 일직선 상으로 200m 남짓 떨어진 입구에는 높이 262cm의 선돌 하나를 세웠는데, 마치 아기를 밴 여인이 고인돌을 바라보는 듯하다. 배에 해당하는 부분에 쪼기기법으로 지름 90cm의 동그라미를 새겨놓았다. 원의 지름은 전체 높이의 3분의 1을 차지한다. 얼굴같이 보이는 윗부분은 길이 45cm로 다듬었다. 그러니까 얼굴은 배 지름의 2분의 1이고, 선돌 전체 높이로 보아서는 8분의 1을 차지한다.

안터 사람들은 비율을 응

충북 제천시 황석리 고인돌의 돌방무덤 발굴 현장. 이 고인돌에서는 사람뼈가 나왔다.

용할 줄 아는 셈이 밝은 사람들이었다. 동그라미를 정확하게 그린 솜씨를 보면, 그들은 기하幾何를 얼마만큼 터득했던 모양이다.

- 내셔널지오그래픽 한국판 2003년 10월호 -

••10
북한강 양지 바른 언덕의 청동기 유적

한반도에 발을 들여놓은 인류는 수십만 년을 헤아리는 오랜 세월 동안 구석기시대와 신석기시대를 살면서 주로 돌연모石器로 삶을 꾸렸다. 이들 선사인류는 불에 이어 토기를 생활 속으로 끌어들이기는 했지만, 돌연모만큼은 쉽사리 버리지 못했다. 돌이 아닌 다른 재질의 연모를 만들기까지는 진화의 시계가 무척이나 더디게 돌아갔다.

한반도의 인류가 비철금속 구리에다 주석을 섞어 만든 강도 높은 합금인 청동으로 연모를 제작하기 시작한 청동기시대는 BC 1500년쯤에서야 비로소 개막되었다. 근동 지역에서 처음 출현한 청동기 문화가 유라시아 동쪽 끄트머리에 자리한 한반도로 들어오는 데는 시간이 꽤나 걸렸다. 이 때문에 한반도의 청동기시대는 유럽이나 중국에 비해 약 1,000여 년이나 늦게 시작되었다. 근동에서 유럽을 거쳐 시베리아에 다다른 청동기문화는 아주 먼 길을 돌아 들어왔던 것이다.

한반도 청동기 문화의 고향은 시베리아로 보고 있다. BC 1200년쯤에 나타나 BC 1000년까지 이어진 카라수크 문화에 뿌리를 두었다고 한다. 오늘날 남시베리아 하카시야 공화국 미누신스크 분지의 오브 강 상류에서 꽃을 피운 청동기 문화가 카라수크 문화다. 이 문화를 일으킨 사람들은 해가 뜨는 동쪽으로 걸어서, 한반도로 들어와서는 아예 눌러앉았다. 그리고 청동기라는 새로운 문화의 씨앗을 뿌렸다.

이들은 허리에 차는 큰 칼이나 창 따위의 무기류를 제작하기에 앞서 손칼 같은 작은 청동제품을 먼저 만들었다. 이 같은 유물은 북쪽의 평안북도 용천군 신암리와 함경북도 나진시 초도 유적 등에서 나온다. 함경북도 종성군 삼봉리 유적에서는 주물을 부어 청동기를 찍어 낼 때 썼던 거푸집이 발굴되었다. 이는 한반도 북부에서 일찍 청동기를 만들었다는 사실을 보여준다.

강원도 화천군 하남면 용암리에서 발굴한 청동기시대 유적의 집자리. 북한강 물길이 휘어서 돌아가는 천혜의 입지조건을 갖추었다.

한반도의 청동기시대는 대개 전기(BC 1400~900년대), 중기(BC 800~600년대), 그리고 후기(BC 500~300년대)로 나누어 시대를 잡는다. 처음에는 손칼 따위의 간단한 청동기를 제작했지만, 시대가 내려오면서 고도의 기술을 필요로 하는 복잡한 물건을 만들어 냈다. 이를테면 비파琵琶모양의 칼을 비롯 투겁창, 꺾창 등 청동제 무기류가 그것이다. 그리고 청동거울 같은 의기儀器와 함께 도끼와 끌 따위의 청동제 농공구도 만들어냈다.

처음 붙박이로 한반도에 자리를 잡은 청동기시대 사람들은 시베리아 초기청동기시대의 안드로노보 문화기와 다음의 카라수크 문화기에 걸쳐 유행했던 돌널무덤石棺墓 양식을 그대로 따랐다. 이 돌널무덤은 고인돌과 더불어 청동기시대 내내 한반도를 대표하는 무덤이 되었다. 또 그릇 주둥이 쪽에 구멍을 낸 이른바 구멍무늬토기孔列土器의 전통도 지켰는데, 이 토기는 바다 건너 제주도에서도 나온다.

그러나 무엇보다 주목할 부분은 청동기 사회의 진화 현상이다. 일부 학자들의 주장을 따르면, 한반도의 청동기시대는 바로 족장사회였다고 한다. 군집사회와 부족 사회에 이어 나타나는 족장 사회에는 우두머리 지배자를 주축으로 한 계급적 서열이 존재한다는 것이다. 청동

강원도 화천군 용안리 신석기 유적에서 집터를 조사하는 강원문화재연구소의 발굴팀. 이 집자리는 공방으로 추정했다.

기시대의 족장사회가 BC 300년쯤에 끝나고 나면, 역사의 새벽을 연 철기시대 전기가 찾아든다. 그리고 다시 300년쯤이 지난 뒤 철기시대 후기에 접어들면서 한반도에는 비로소 고대국가가 출현하기에 이른다.

이 같은 사회현상을 교과서처럼 보여주는 중기청동기시대 유적이 최근 강원도 화천군 하남면 용암리에서 발굴되었다. 북한강 물길이 휘어서 돌아가는 강 동쪽 대안에 자리한 천혜의 입지조건을 갖춘 유적이다. 모두 169채에 이르는 집터가 발굴되었다. 유적에 올라서면, 북한강과 그 유역의 충적평야가 한눈에 들어온다. 햇볕이 잘 드는 20m 높이의 언덕배기 3만 6,886㎡(1만 1,158평)를 차지하고 있다. 한반도 최대의 마을 유적이라고 한다.

이 마을 유적에는 아주 기다란 네모꼴을 이룬 큰집을 중심으로 여러 작은 집터가 사이좋게 옹기종기 모였다. 강의 흐름을 따라 세로로 길게 들어앉은 집자리들은 아주 기다란 네모꼴 세장방형細長方形과 약간 긴 네모꼴 장방형이다. 그러니까 언덕배기 흙을 야트막하게 파낸 뒤 바닥을 찰흙으로 다지고 몇 개의 기둥을 세워 지은 움집자리竪穴住居地로 이루어진 유적이다. 기둥에 널쪽을 얽어매고, 겉에 흙을 바른 벽체와 서까래를 이어 만든 지붕 흔적도 보인다.

규모가 큰 세장방형 집자리 넓이는 60㎡가 넘는다. 모두 8채가 발굴된 큰 집터에서는 3개 이상의 화덕자리와 10개가 넘는 갈무리 구덩이가 확인되었다. 또 집자리 한복판에서는 기둥을 세울 때 파놓은 5~7개의 구멍이 드러났다. 큰 집터는 청동기시대의 족장사회를 이끌었던 지배자의 거처였고, 마을 사람들이 모이는 공공집회 장소로 추정했다. 더구나 큰 집자리에서 나온 대롱옥 등 옥제품 꾸미개는 지배자의 존재를 확실하게 뒷받침하고 있다.

이들 세장방형의 큰 집자리 중에는 신전의 성격을 띤 종교 공간이 포함 되었을 것으로 보았다. 유적 끄트 머리의 3호 집자리인데, 안에서 구덩무덤土葬墓 1기가 나왔다. 이 무덤의 존재는 큰 집자리가 샤머 니즘 의례를 베풀었던 원시종교 의 한 공간이었다고 보는 이유가 되 었다. 서구 그리스도교 사회가 더러 교회 안에 무덤을 쓰는 사실을 돌아 보면 납득이 가는 대목일 것이다.

북한강 용암리 청동기 유적에서 출토된 붉은 간토기. 청동기시대의 표지유물인 이 토기는 청동기시대를 줄곧 따라다녔다.

이 유적은 돌연모를 전문으로 만들었던 작업공간인 공방工房을 따로 갖추었다. 유적 한가운데 자리한 3채의 집터에서는 공방으로 짐작되는 여러 정황이 보인다. 우선 돌을 다룰 때, 홀가분하게 들어앉아 일을 했 던 원형과 타원형의 작업 코너가 집터 안에 있다. 구덩이로 이루어진 작업 코너에서는 마무리 손질이 채 끝나지 않은 미완성 돌연모와 돌 부 스러기가 무더기로 나왔다.

유적에서 발굴한 화살과 칼 따위의 간돌연모를 비롯 도끼와 끌 같은 뗀돌연모 등은 청동기시대를 살았던 용암리 사람들이 직접 만들어 쓴 유물일 것이다. 이는 전문 기능인의 출현을 가늠할 수 있다는 점에서 중요한 의미를 갖는다. 곡식의 이삭을 잘랐던 반달돌칼半月石刀과 고기 를 잡는 그물에 달았던 어망추魚網錘 등의 출토 유물은 농업과 어업이 청동기시대에 이미 제대로 이루어졌다는 사실을 증거한다. 천을 짜는데 썼던 가락바퀴도 나와 생업을 중심으로 한 이 시대의 경제활동 실상이 잘 드러났다.

그리고 청동기시대 표지유물標識遺物로 곱히는 구멍무늬토기와 함께 그릇 입술에 톱니무늬를 새긴 골아가리토기口脣刻目土器가 출토되었다. 또 청동기시대를 줄곧 따라다닌 붉은간토기赤色磨硏土器도 나왔다. 북한강 언덕에 삶의 터전을 잡은 용암리의 청동기 사람들은 그 옛날 시베리아에서 그랬던 것처럼 돌널무덤과 구덩무덤의 전통양식까지도 지켰다. 그래서 이들 두 형식의 무덤이 유적에서 나온다. 화장한 사람의 뼈를 묻은 아주 작은 고인돌 1기를 용암리 이웃에서 발견한 일도 있다.

화천군 용암리 유적에서 출토된 돌칼을 비롯한 각종 돌연모. 인류는 청동기시대에 접어들어서도 돌연모는 쉽사리 버리지 못했다.

2년에 걸쳐 이 유적을 발굴한 강원문화재연구소 지현병 박사는 "청동기 사회에 나타나는 고고학적인 정형을 모두 보여 준 용암리 유적은 학계에 귀중한 자료를 제공하게 되었습니다"라고 설명했다.

- 내셔널지오그래픽 한국판 2005년 2월호 -

••11
부천 고강동 돌무지 제단

한반도 중심부를 동서로 가로질러 달려온 한강의 물길은 서해가 가까운 하류에 다다라 넓은 충적평야를 펼쳐 놓았다. 오늘날 김포·일산 평야로 대표되는 한강 하류 들판에서는 주로 벼농사를 지었던 것으로 보인다. 그래서 한강 유역의 농경역사는 아주 오래되었다. 경기도 김포시 가현리와 고양시 일산구 대화동에서 나온 BC 2000년쯤 신석기 시대의 재배 볍씨가 이를 뒷받침한다. 이보다 늦은 시기인 BC 1000년쯤 한강 유역에서 벼농사를 지었던 또 다른 흔적도 있다. 경기도 여주군 흔암리의 청동기시대 마을 유적에서 나온 불에 탄 쌀 탄화미炭火米가 그것이다.

이 같은 농사와 더불어 인류가 한곳에 붙박이로 눌러앉기 위해 자리를 잡은 마을 유적을 눈여겨볼 필요가 있다. 인류의 문명 발달을 부추긴 실마리의 하나를 농경과 정착에서 찾고자 노력한 학자들을 떠올리

경기도 부천시 마을 유적에는 돌무지로 이루어진 제사터를 따로 갖추었다. 이 제사터에서는 김포 평야와 함께 한강 건너의 일산평야가 한눈에 들어온다.

면, 마을 유적은 중요할 수밖에 없다. 한강 유역의 고대 벼농사 역시 마을을 배경으로 이루어졌을 것이다. 요즘 한강 유역의 고고학 발굴에서 몇몇 마을 유적이 땅속 깊은 잠에서 깨어나 실체를 드러냈다. 그래서 역사의 새벽을 힘겹게 열었던 선사 인류의 삶과 발자취를 좀 더 재미나게 이야기할 수 있게 되었다.

경기도 부천시 오정구 고강동에서 최근 발굴한 청동기시대 마을 유적은 좀처럼 보기 드문 제사터를 따로 갖추었다는 점에서 주목을 끌었다. 한양대학교 문화재연구소가 발굴한 이 유적은 고강동과 작동 사이의 청룡산 언덕배기에 자리 잡았다. 유적의 제사터에 올라서면 김포평야와 함께 한강 건너 멀리 일산평야까지 아스라이 눈에 잡힌다.

제사터는 돌무지와 도랑이 어울린 이른바 적석환구積石環構 형식의 구조물로 이루어졌다. 그러나 오랜 세월을 견디지 못한 돌무지가 무너져 본래의 생김새를 정확하게 밝히기는 어려웠다. 발굴조사단은 그동안의 조사 결과를 근거로 돌멩이를 1m가량 쌓아 올려 지은 네모꼴 돌무지 제단이었을 것이라는 결론을 내렸다. 남북과 동서의 길이가 각각 6m에 이르는 반듯한 네모꼴 제단으로 짐작되었다. 가장자리는 지름 50㎝가 넘는 큰 돌멩이를 쌓아 마무리하고, 안쪽은 작은 자갈돌을 채워 제단 중심부를 약간 볼록하게 메웠을 것으로 추정했다.

청동기시대를 살았던 고강동 사람들이 늘 신성하게 여겼던 일종의 성소聖所가 바로 이 돌무지 제단이었을 것이다. 그래서 성소와 마을을 구분하는 경계선을 분명하게 그었다. 제단 둘레 흙바닥을 너비 3~4m, 깊이 0.8~1m가량 파서 만든 U자 모양의 도랑을 경계로 삼았다. 이는 부정을 막기 위한 금단의 벽 같은 것이었다. 길이는 63m에 이른다. 도랑은 제단 서쪽에서 1m가량이 끊겼다. 제단 들머리로 이용하기

경기도 부천 고강동 유적의 장방형 집자리. 청룡산 자락에 자리한 이 집자리에서는 농사 관련 유물과 함께 볍씨 자욱이 찍힌 토기가 나왔다.

위해 땅을 다 파지 않고 일부러 조금 남겨두었던 모양이다.

제단 동북쪽 도랑에서는 불에 그을린 소토면燒土面이 확인되었다. 어떤 의식을 베풀 때마다 불을 지핀 탓에 바닥 흙이 붉게 타 버린 흔적을 그대로 드러냈다. 이 자리에서는 간돌칼磨製石劍과 간돌화살촉磨製石鏃, 제기모양토기祭器形土器 따위의 유물이 나왔다. 또 도랑을 팔 때 바깥에 버린 흙이 쌓여 생긴 바닥에서도 많은 유물을 찾아냈다. 항아리모양토기壺形土器를 비롯 제기모양토기와 구멍무늬토기孔列文土器, 바퀴날돌도끼環狀石斧와 반달모양돌칼半月形石刀, 간돌끌磨製石鑿과 숫돌, 간돌칼 등이 출토되었다.

이들 유물 중에는 이른바 굽다리접시豆形土器라고도 말하는 제기모양 토기가 보인다. 이 그릇은, 돌무지 제단에서 베풀었던 제사의식과 관련한 유물이 분명했다. 오늘날 제사 때 음식을 담는 굽이 높은 접시와 아주 비슷하게 생겼다. 그리고 도랑 바닥의 소토면 또한 제사의식과 무관할 수 없을 것이다. 돌무지 제단에는 대자연을 우러러 두려워할 줄 알았던 당시 청동기 사람들의 외경이 깃들었을지도 모른다. 그래서 대자연의 표상으로 여긴 하늘을 향해 보다 가까이 다가선 언덕배기 높은 대지를 골라 제단을 지었을 것으로 추정할 수 있다.

그러나 이 돌무지 제단에서 치렀을 의식이 어떤 것이었는지를 일러줄 만한 꼬투리는 아무것도 찾아내지 못했다. 그래서 동아시아에 나타난 선사시대 원시종교를 샤머니즘으로 보는 해묵은 학설을 빌려 접근할 수밖에 없다. 동아시아 사람들의 정신세계를 오랫동안 지배한 샤머니즘의 본래 고향은 시베리아라고 한다. 시베리아의 스텝과 타이가 지대에서는 BC 2000~1000년에 이르는 시기의 샤머니즘 청동기 예술품이 지금도 나온다. 그리고 고강동 돌무지 제단과 비슷한 BC 1000년대 초반 청동기시대의 제사 유적 히르기수르는 시베리아에서 몽골과 중국 신장지방에 이르는 중앙아시아에 널리 분포하고 있다.

한반도에서 가장 이른 시기의 제사의식은 중국 사서 『삼국지』에 처음 나온다. "삼한三韓 여러 나라의 별읍別邑을 소도蘇塗라 했는데, 거기다 큰 나무를 세워 북과 방울을 매달아 놓고 귀신을 섬겼다"는 내용이 적혀 있다. 그래서 고강동 돌무지 제단을 소도의 원형으로 보았다. 특히 이 사서에 나오는 "소도의 제사를 주관하는 천군天君을 따로 뽑았다"는 대목에 큰 관심을 기울였다. 천군은 인류학자들이 주장하는 청동기 사회의 진화현상과 맞아떨어지기 때문이다.

어떻든 고강동에서 돌무지 제단을 지었을 무렵의 청동기 사회는 샤머니즘의 그늘이 다 가시지 않았을 것이다. 그러나 단순한 샤머니즘에서 벗어나 보다 넓은 사회성을 내포한 의식체계를 종교적 신앙으로 이끌어 줄 제사 주관자가 필요하게 되었다. 이는 사제직 같은 전문적인 제사 주관자로 풀이할 수 있다.

이 같은 사회현상으로 미루어 청동기시대를 흔히 불평등한 계층사회라고 말한다. 이는 농사를 기반으로 한 경제력에서 비롯되었을 사회구조의 한 단면일 수도 있다. 청룡산 능선을 따라 나란하게 지었던 움집자리竪穴住居址에서는 농사와 관련한 유물이 여러 점 출토되었다. 가장 많이 나온 반달모양돌칼은 벼이삭을 자를 때 쓰는 돌연모다. 실제 볍씨 자국이 찍힌 민무늬토기無文土器 밑바닥도 출토되었다. 한편 한강 서쪽으로 이어지는 지역에 널리 흩어진 고인돌은 고강동 청동기사회의 세력 판도를 얼마 만큼 가늠할 수 있는 유적일 것이다.

지난 1996년부터 그동안 6차에 걸쳐 조사가 진행되었다. 올해 7차 조사에서는 돌무지 제단 남쪽 언덕빼기와 아래 평지를 시굴할 계획이다. 발굴작업을 지휘한 한양대학교 문화인류학과 배기동 교수는 지금까지의 조사 성과를 이렇

경기도 부천 고강동 돌무지 제단에서 나온 굽다리접시. 오늘날 제사 때 쓰는 굽이 높은 제기와 생김새가 흡사하다.

게 평가했다. "한국에서 청동기시대 제사터 유적발굴은 고강동이 첫 케이스인 것 같습니다. 청동기 사회의 물질문화뿐 아니라 정신 문화분야까지 엿보이는 주요 고고학 자료이기도 합니다. 올해 발굴에서는 농사흔적과 토기가마 같은 생산시설이 드러날 것으로 기대하고 있습니다. 그럴 경우 선사공동체의 사회구조가 어느 정도 밝혀질 것입니다."

- 내셔널지오그래픽 한국판 2005년 4월호 -